「海道東征」とは何か

新保祐司

藤原書店

序

北原白秋作詩・信時潔《のぶときき よし》作曲の交声曲「海道東征」が、題材としているのは、初代天皇・神武天皇の東征である。

神武天皇の東征は、『古事記』や『日本書紀』に書かれているが、神武天皇が九州の日向の地から船出をして、瀬戸内海を東へと進み、大阪の「白肩《しらかた》の津《つ》」に上陸、そこで長髄《ながすね》彦《ひこ》と戦闘になり、熊野に廻って陸地を進み、ついに大和の橿原《かしはら》の地で即位するというものである。

この神武東征を題材にして作られた白秋の詩では、熊野からの話は省略され、海の進路と即位だけが描かれた。「海道東征」である所以である。

今日の日本人が、この建国の物語を美しく描いた交声曲を聴く意義は、何であろうか。それは、日本文明の行く末が確かならざる厳しい状況の中で、建国の物語を深く知ることは、日本人のアイデンティティーを確認する上で必要なことであり、この音楽はまさにそのアイデンティティーを魂の奥深くで確認させてくれるからである。

内村鑑三は、大正十二年の関東大震災のとき、「震える世界」にあって「震えざるもの」を求めよ、と言った。東日本大震災以後の日本は、厳しい世界情勢と日本人の精神の在り方からしてまさに「震える世界」である。この中にあって日本人は、日本文明における「震えざるもの」を求めなくてはならない。その「震えざるもの」の一つが、実にこの交声曲「海道東征」なのである。この音楽の響きは、古代から現代までを一筋に貫いている。この日本の歴史の始原のことを知っていることは、単に知識にとどまる話ではなく、実はその人間の精神にとって真にアクチュアルであることを思い知らなければならない。ここでは、そのためにロシアの小説を引き合いに出そう。

チェーホフの短篇小説に『大学生』という名作がある。一八九四年、三十四歳のときの作品で、チェーホフ自らこの物語を好んで、最も完成された作品とみなしていたという。

この小説の主人公の「大学生」の次のような感慨は、現代の「大学生」だけでなく、日本の老若男女にも浸みこんでいるかもしれない。

寺男の息子で、宗教大学の学生であるイワン・ヴェリコポーリスキイは、山しぎ撃ちからの帰りみち、ずっと小道づたいに川ふちの草場を歩いていた。指がかじかみ、顔が風のために赤らんでいた。彼にはこの突然おとずれた寒さが万物の秩序と和合をぶちこわし、自然までが無気味な気持になって、そのために夕闇がいつもより早く濃くなったように思われた。あたりは荒涼として、何かいやに陰気くさかった。ただ川のそばの後家の菜園にあかあかと火が燃えているだけで、見渡すかぎり、四キロほど向こうの村のあるあたりも、すべてが寒い夕闇のなかにすっぽりと沈んでいた。（中略）そして今、寒さに身をちぢめながら学生は、同じような風がリューリクの時代にも、イワン雷帝の時代にも、ピョートル大帝の時代にも吹いていて、そうした昔にも、今と同じ残忍な貧しさや飢えがあったにちがいないと考えていた。同じような穴だらけの藁屋根や、無知や、憂鬱や、同じような荒涼たる周囲や、暗闇や、圧迫感や、——そうしたいっさいの恐ろしさは過去にもあったし現在にもあり、また未来にもあるだろう。そうしてもう千年たったところで、人生はよりよくはなるまい。こう思うと、彼は家へ帰る気がしなくなった。

（池田健太郎訳）

「後家の菜園」と呼ばれているのは、母ワシリーサと娘ルケーリヤという二人の寡婦が耕している地所のことだが、彼らと顔見知りの大学生は、「あかあかと火が燃えている」焚火に近づいて、「今晩は！」とあいさつし、この苦労と不幸の烙印を押されたような二人の農婦の側で、焚火にあたりながら、次のように語りだす。

「ちょうどこんなふうに、寒い夜、使徒ペテロも焚火にあたったのさ」と大学生は、両手を火にかざしながら言った。「ということは、あの頃も寒かったわけだ。ああ、それはなんという恐ろしい夜だったろうね。おばさん！　ひどく物悲しい、長い長い夜だった！」

学生はあたりの暗闇に目をやって、ふと痙攣でも起したように頭をひと振りふると、こうたずねた。

「福音書の十二使徒伝を聞いたことがあるでしょう？」

「ありますよ。」とワシリーサが答えた。

そして、大学生は、ペテロの否認のところを語って、最後に「僕は今こう想像するのさ。

――静かな静かな、暗い暗い庭があって、その静けさの中で低いすすり泣きの声がやっと聞える……。」と結ぶ。「学生はほっと溜息をついて、考えこんだ。」「するとワシリーサは相変らず微笑を浮かべていたが、急にしゃくりあげたと思うと、大粒の涙がはらはらとその両頬を伝って流れ落ちた。彼女はその涙を恥ずかしがるように、焚火から袖で顔を隠した。ルケーリヤは、じっと学生を見つめながら、顔を赤らめた。その顔の表情は、激しい痛みをこらえている人のように、重苦しく引きつっていた。」という変化が起きたのである。

大学生は、この二人の寡婦にお休みを言って、歩きながら、ワシリーサのことを考えて、「ああして泣きだしたところを見ると、あの恐ろしい夜、ペテロの身の上に起ったすべてのことに、何か思いあたることでもあるのか。……」と思う。「――ワシリーサがああして泣き、彼女の娘があああしてどぎまぎしたとすると、彼がたったいま話した千九百年まえの出来事が、現在に――あのふたりの女に、おそらくはこの荒れはてた村に、彼自身に、いや、すべての人びとに、なんらかの関係があるのではないか。老婆がああして泣きだしたのは、彼が人を感動させる話術を心得ているからではなく、ペテロが彼女に身近であるため、彼女がペテロの心に起ったことに、身も心も打たれたためではあるまいか。」

そして、大学生に、美しい、いわば一つの回心が訪れる。

と、ふいに喜びが学生の心に波打ちはじめた。彼は息をつくために、ちょっとのあいだ足を止めさえした。過去は、――と彼は考えた――一つまた一つと流れ出す、ぶっつづきの鎖のような事件によって、現在と結びついているのだ。こう思うと、彼はたった今自分がこの鎖の両端を見たような気がした。いっぽうの端に触れたら、もういっぽうの端がぴくりとふるえたような気がした。

これは、「歴史」による回心といってもいい。「歴史」に覚醒したのである。「彼はむかしあの庭や、祭司長の中庭で人間の生活をみちびいた真実と美が、そのままとぎれずに今日までつづき、いつの世にも人間の生活の、いや、この地上の生活のすべての、最も重要なものを形づくってきたにちがいないと考えた。」

ペテロの否認は、「歴史」、正確にいえば「原歴史」であり、これを知っている二人の農婦は、知るべきことを充分知っているのである。それに比べて、今日の「教養」とは、一体、何の意味があるのか。

神武東征の物語は、日本人にとって、歴史の始原であり、「現在と結びついているのだ」。

「歴史」への覚醒をもたらすものである。単にはるか昔のことで関係がないなどと思ってはならない。それは、回想の力が衰えていることの証左である。しかし、民族の精神的な力とは、自らの歴史を回想する力に拠っているのである。真の回想は「たった今自分がこの鎖の両端を見たような気」を起こさせるものである。「いっぽうの端に触れたら、もういっぽうの端がぴくりとふるえたような気」がするのである。これが、歴史を貫く感覚である。この感覚によって、この「大学生」のように、「憂鬱」な現実が「過去にもあったし現在にもあり、また未来にもあるだろう。そうしてもう千年たったところで、人生はよりよくはなるまい。」という絶望の中で生きている今日の日本人にとって、「ふいに喜びが」「心に波打ちはじめ」るのである。

それには、神武東征の物語が、日本人の心にいきいきと浮かんでこなければならない。そのために、交声曲「海道東征」を聴くのである。何故なら、この音楽の中に、神武東征は鮮やかに蘇っているからである。日本人にとって必聴の音楽である所以である。

神武天皇の東征ルート

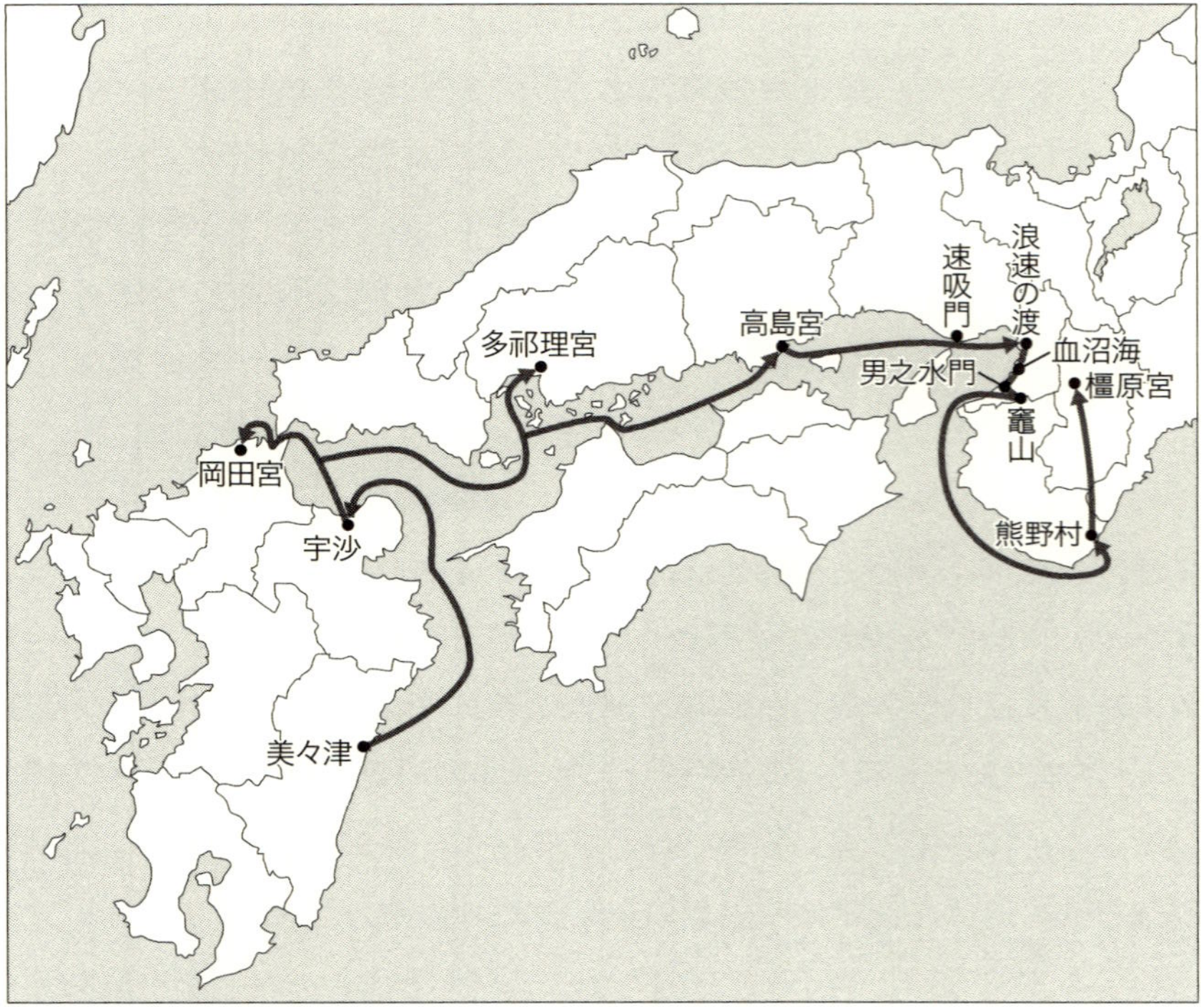

（産経新聞掲載企画「『海道東征』をゆく　神武さまの国造り」を参照）

「海道東征」とは何か　目次

第Ⅰ章　余は如何にして「海道東征」と出会いし乎

第Ⅱ章　「海道東征」の復活

第III章　「海道東征」とは何か

「海道東征」とは何か

交声曲「海道東征」

作詩　北原白秋
作曲　信時　潔

交声曲「海道東征」とは

昭和十五年（一九四〇）は、紀元二千六百年にあたる年であった。交声曲「海道東征」は、その奉祝曲として作られた。作品内容は、初代の天皇・神武天皇の即位から二千六百年の年を祝うに相応しい「神武東征」を題材としたものである。

交声曲（カンタータ）とは、独唱・合唱とオーケストラのための楽曲で、近代日本最大の詩人・北原白秋（一八八五――一九四二）が作詩し、近代日本最深の音楽「海ゆかば」の作曲家・信時潔（一八八七―一九六五）が作曲した、全八章の大作である。

白秋は、昭和十七年に五十七歳で死去するので、まさに畢生の力作といっていい。言葉の天才・北原白秋が最後に到達した雄渾なる詩境であり、白秋は自ら「蒼古調」と呼んだ。

白秋は、『『海道東征』に就て』という小文の中で「作曲に於ては当代稀に見る芸術良心の持主であり、高邁廉潔の信時氏を得たことは、その正大、荘重、樸茂の諸相を通じ、感謝この事に思ふ」と書いている。天才は、天才を知るということであろう。信時潔は、まさに白秋が評するような人物であった。

この曲は、昭和十五年の十一月二十六日に日比谷公会堂で初演されたが、当日の成功の様子について白秋は「演奏時間一時間に渉り、誰もが異常の興奮と感激を以て終始した模様で、私の感銘も並々ならぬものがある」と書いている。また、「海道東征」は八枚組のＳＰレコードのアルバムになって発売された。初演の後、十一月三十日には大阪で公演され、当時中学生であった作家の阪田寛夫氏が聴いている。

交声曲「海道東征」は、北原白秋と信時潔という二人の天才が作った傑作であり、戦前には全国各地で演奏されたにもかかわらず、題材のことや作られた経緯もあり、敗戦による日本の文化的断絶によって長く「封印」されるという悲劇の中にあった。

この戦後長く「封印」されて来た曲が、平成二十七年、戦後七十年の年に、信時潔の生まれた大阪の地での公演をきっかけに、力強く復活した。それは、まさに戦後の日本における精神史上の歴史的な事件だったのである。

（新保祐司）

第一章 高千穂

男声（独唱竝に合唱）

神《かみ》坐《ま》しき、蒼空《あをぞら》と共《とも》に高《たか》く、
み身《み》坐《ま》しき、皇祖《すめらみおや》。
邈《はる》かなり我《わ》が中空《なかぞら》、
窮《きは》み無《な》し皇産霊《すめらむすび》、
いざ仰《あふ》げ世《よ》のことごと、
天《あめ》なるや崇《たか》きみ生《あれ》を。

国成《くにな》りき、綿津見《わたつみ》の潮《しほ》と稚《わか》く、
凝《こ》り成《な》しき、この国土《くにつち》。
邈《はる》かなり我《わ》が国生《くにうみ》、
おぎろなし天《あめ》の瓊鉾《ぬぼこ》、
いざ聴《き》けよそのこをろに、
大八洲《おほやしま》騰《あが》るとよみを。

皇統《みすまる》や、天照《あまて》らす神《かみ》の御裔《みすゑ》、
代々坐《よよま》しき、日向《ひむか》すでに。
邈《はる》かなり我《わ》が高千穂《たかちほ》、

かぎりなし千重《ちへ》の波折《なをり》、
いざ祝《ほ》げよ日《ひ》の直射《たださ》す
海山《うみやま》のい照《て》る宮居《みやゐ》を。

神坐《かみま》しき、千五百秋《ちいほあき》瑞穂《みづほ》の国《くに》、
皇国《すめぐに》ぞ豊葦原《とよあしはら》。
邈《はる》かなり我《わ》が肇国《はつくに》、
窮《きは》み無《な》し天《あま》つみ業《わざ》、
いざ征《た》たせ早《は》や東《ひがし》へ、
光宅《みちた》らせ王沢《みうつくしび》を。

第二章　大和思慕

女声（独唱竝に合唱）

大和《やまと》は国《くに》のまほろば、
たたなづく青垣山《あをがきやま》。
東《ひむがし》や国《くに》の中央《もなか》、
とりよろふ青垣山《あをがきやま》。

美《うるは》しと誰《た》ぞ隠《こも》る、
誰《た》ぞ天降《あも》るその磐船《いはふね》。
愛《かな》しよ塩土《しほつち》の老翁《をぢ》、
きこえさせその大和《やまと》を。
大和《やまと》はも聴美《ききうるは》し、
その雲居《くもゐ》思遥《もひはる》けし。
美《うるは》しの大和《やまと》や、
美《うるは》しの大和《やまと》や。

第三章　御《み》船《ふな》出《で》

男声女声（独唱竝に合唱）

その一

日《ひ》はのぼる、旗雲《はたぐも》の豊《とよ》の茜《あかね》に、
いざ御《み》船《ふね》出《い》でませや、うまし美々《みみ》津《つ》を。
海凪《うみな》ぎぬ、陽炎《かぎろひ》の東《ひがし》に立《た》つと、
いざ行《ゆ》かせ、照《て》り美《ぐは》しその海道《うみぢ》。

海凪《うみな》ぎぬ、朝《あさ》ぼらけ潮《しほ》もかなひぬ、
艫舳《ともへ》接《つ》ぎ、大御船《おほみふね》、御船出《みふなで》今《いま》ぞ。

その二

あな清明《さや》け、神倭磐余彦《かむやまといはれひこ》、その命《みこと》や、
あな映《は》ゆし、もろもろの皇子《みこ》たちや、その皇兄《いろせ》や。

行《い》でませや、おほらかに大御軍《おほみいくさ》、
まだ蒙《くら》し、遥《はる》けきは鴻荒《あらき》に属《あ》へり。

慶《みめぐみ》を皇祖《すめみおや》かく積《つ》みましき、
正《ただ》しきを年《とし》のむた養《やしな》ひましぬ。

神柄《かむがら》や、幾万《いくよろづ》、年経《としふ》りましき、
暉《みひかり》や、かつ重《かさ》ね、代々坐《よよま》しましぬ。

和《にぎ》み霊《たま》、また和《やは》せ、ただに安《やす》らと、
荒《あら》み霊《たま》、まつろはぬいざことむけむ。

大御稜威《おほみいつ》い照《て》らすと御船出《みふなで》成《な》りぬ、
日《ひ》の皇子《みこ》や、御鉾《みほこ》とり、かく起《た》ちましぬ。

その三

日《ひ》はのぼる、旗雲《はたぐも》の照《て》りの茜《あかね》を、
いざ御船《みふね》、出《い》でませや、明《あか》き日向《ひむか》を。

海凪《うみな》ぎぬ、満潮《みちしほ》のゆたのたゆたに、
いざ行《ゆ》かせ、照《て》り美《ぐは》しその海道《うみつぢ》。

海凪《うみな》ぎぬ、朝《あさ》ぼらけ潮《しほ》もかなひぬ、
艫舳《ともへ》接《つ》ぎ、大御船《おほみふね》、御船《みふな》出《で》今《いま》ぞ。

第四章　御《み》船《ふな》謡《うた》

男声（独唱竝に合唱）

その一

御船出《みふなで》ぞ、大御船出《おほみふなで》、
御伴船《みともぶね》挙《こぞ》りさもらへ、
御伴《みとも》びと挙《こぞ》り仰《あふ》げや。
揺《ゆ》りとよめ科戸《しなど》の風《かぜ》と
声《こゑ》放《はな》て、東《ひがし》に向《む》きて。

大御船《おほみふね》真梶繁《まかぢしじ》ぬき、
照《て》りわたる御弓《みゆみ》の弭《ゆはず》、
あな清明《さや》け、神《かみ》にします、
あな眩《まば》ゆ、皇子《みこ》にします。
はろばろや大海原《おほうなばら》、
涯《はて》なしや青水沫《あをみなわ》、
揺《ゆ》りとよめ大き国民《くにたみ》、
大君《おほきみ》に、
この神《かみ》に、
讃《たた》へ言《ごと》、
寿《よ》詞《ごと》申《まう》せや。

その二

荒海《あらうみ》の、
荒海《あらうみ》の潮《しほ》の八百道《やほぢ》の、
八潮道《やしほぢ》の、
潮《しほ》の八百《やほ》会《あひ》に、ハレヤ、
とどろ坐《ま》す速開津姫《はやあきつひめ》に、
朝開《あさびらき》、朝《あさ》のみ霧《きり》の
遠白《とほじろ》に、
末鎮《すゑしづ》み
鎮《しづ》まらせ、

み眼《め》すがすがと笑《ゑ》ませとぞ、
きこしめせと申《まう》さく
み船謡《ふなうた》。

その三

い

ヤァハレ
海原《うなばら》や青海原《あをうなばら》。

ヤァハレ
青雲《あをぐも》やそのそぎ立《たち》、

その極《きは》み、こをば。

我《わ》が海《うみ》と大君《おほきみ》宣《の》らす、
我《わ》が空《そら》と皇孫《すめみま》領《し》らす。

ろ

ヤァハレ
潮沫《しほなわ》のとどまるかぎり、
舟《ふな》の舳《へ》の行き行くきはみ。

ヤァハレ

島《しま》かけて、八十嶋《やそしま》かけて、
大海《おほうみ》に舟満《ふねみ》ちつづけて。

見はるかし大君《おほきみ》宣《の》らす、
四方《よも》つ海皇孫《うみすめみま》領《し》らす。

は

ヤァハレ
国土《くにつち》や、大国土《おほくにつち》。

ヤァハレ

国《くに》の壁《かべ》そのそぎ立《たち》、
その極《きは》み、こをば。

我《わ》が国《くに》と大君《おほきみ》宣《の》らす、
我《わ》が土《つち》と皇孫《すめみま》領《し》らす。

に

ヤァハレ
青雲《あをぐも》のそぎ立《た》つきはみ、
白雲《しらくも》の向伏《むかふ》すかぎり。

ヤァハレ
谷蟆《たにぐく》のさわたるきはみ、
馬《うま》の爪《つめ》とどまるかぎり。
見《み》はるかし、大君宣《おほきみの》らす、
四方《よも》つ国皇孫《くにすめみまし》領らす。

ほ

ヤ
狭《さ》の国《くに》は広《ひろ》くと、
ヤ

嶮《けは》し国平《くにたひ》らけくや。
ヤ
遠《とほ》き国《くに》は綱《つな》うち掛《か》け、
もそろよと、
もそろと、
国《くに》引《ひ》くと、引《ひ》き寄《よ》すと。

あなおほら、大君《おほきみ》宣《の》らす、
あなをかし目翳《まかげ》しおはす。

善《え》しや、善《え》しや、弥栄《いやさか》。

とどろとどろ、弥栄《いやさか》。

第五章　速吸《はやすい》と菟狭《うさ》

その一

男声独唱

海原《うなばら》や青海原《あをうなばら》、
海道《うみつぢ》の導《みちびき》や、早《は》や槁根津日子《さをねつひこ》、
速吸《はやすひ》の水門《みと》になも、その珍彦《うづひこ》。

童声或は女声合唱（童ぶり）

亀《かめ》の甲《かふ》に揺《ゆ》られて、
潮《しほ》の瀬《せ》に揺《ゆ》られて、
かぶりかうぶり海《あま》の子《こ》、
棹《さを》やらな、附《つ》いまゐれ、
波《なみ》かぶりかぶるに、
み船《ふね》へと移《うつ》らせ、
名《な》をのれ早《は》や早《は》や、
み船《ふね》へまゐ出《づ》るは
臣《やつこ》ぞとそれまをす。

国《くに》つ神《かみ》と這《は》ひこごむ。
潮《しほ》みづく国《くに》つ神《かみ》、
海豚《いるか》の眼見《まみ》よな、
遠眼《とほめ》、鋭眼《とめ》、慧《さか》しな、
羽《は》ぶり羽《は》ぶりおもしろ。

その二

男声女声（交互に唱和竝に合唱）

菟狭《うさ》はよ、さす潮《しほ》の水上《みなかみ》、
豊国《とよくに》の行宮《かりみや》。

ああはれ足一騰宮《あしひとつあがりのみや》とよ、行宮《かりみや》。
足一騰宮《あしひとつあがりのみや》は、行宮《かりみや》と
青《あを》の岩根《いはね》に一柱《ひとはしら》坐《ま》す。
足一騰宮《あしひとつあがりのみや》に参出《まゐづ》ると、
大《おほ》わたの亀《かめ》や、川《かは》のぼり来《く》る。
足一騰宮《あしひとつあがりのみや》の大御饗《おほみあへ》、
誰《た》が献《たてまつ》る、はるか雲居《くもゐ》に。

足一騰宮《あしひとつあがりのみや》は菟狭津彦《うさつひこ》、
朝《あした》さもらふ、夕《ゆふべ》さもらふ。
足一騰宮《あしひとつあがりのみや》は湍《たぎ》の上《へ》や、
足一《あしひと》つ騰《あが》り、雲《くも》の辺《べ》に坐《ま》す。

ええしや、をしや、
ええしや、をしや。

第六章　海道回顧

その一

男声女声（交互に唱和竝に合唱）

かがなべて、日《ひ》を夜《よる》を、海原《うなばら》渡《わた》り、
かがなべて、将《は》た歳《とし》を、宮遷《みやうつ》らしき。
ああはれ、その幾歳《いくとせ》、
ああはれ、その行《ゆ》き行《ゆ》き。

年《とし》ごとに、御伴船《みともぶね》、いや数殖《かずふ》えぬ、
つぎつぎに、御従《みつき》びと、またいや増《ま》しぬ。
ああはれ、また春秋《はるあき》、
ああはれ、そが海山《うみやま》。

その二

月《つき》の端《は》や、足一騰宮《あしひとつあがりのみや》、
一年《ひととせ》や、筑紫《つくし》の崗田《をかだ》の宮《みや》。

多祁理《たけり》とも、阿岐《あき》の埃《え》の宮《みや》、

たづたづや、七年《ななとせ》や。あはれ。
吉備《きび》にして、また八年《やとせ》、高嶋《たかしま》の宮《みや》、
大和はも遠《とほ》しとよ、高千穂《たかちほ》よ遥《はる》けしと。

その三

かがなべて、日《ひ》を夜《よる》を、海原《うなばら》渡り、
かがなべて、将《は》た歳《とし》を、宮遷《みやうつ》らしき。
ああはれ、その幾歳《いくとせ》、
ああはれ、その行《ゆ》き行《ゆ》き。

満《み》ち満《み》つや、み蓄《たくはへ》、早《は》やかく成《な》りぬ、
天《あめ》の下《した》ことむけむ、秋《とき》今《いま》成《な》りぬ。
ああはれ、えしや、
ああはれ、今《いま》ぞ秋《とき》や。

第七章　白肩《しらかた》の津《つ》上陸

その一

男声（独唱並に合唱）

青雲《あをぐも》の白肩《しらかた》の津《つ》、その津《つ》に、
雄《を》たけびぞ今《いま》あがる、御船《みふね》泊《は》てぬ。
いざのぼれ大御軍《おほみいくさ》、
いざ奮《ふる》へ丈夫《ますらを》の伴《とも》。

浪速《なみはや》の辺《へ》に騒《さわ》ぐ味鳧《あぢがも》や、その渚《す》を、
追《お》ひ押《お》しに押《お》しのぼり、み楯《たて》並《な》めぬ。
いざのぼれ大御軍《おほみいくさ》、
いざ奮《ふる》へ丈夫《ますらを》の伴《とも》。

その二

日下江《くさかえ》の蓼津《たでつ》、その津《つ》に、
雄《を》たけびぞ今《いま》あがる、大御軍《おほみいくさ》。
いざのぼれ、大和《やまと》は近《ちか》し、
いざ奮《ふる》へ丈夫《ますらを》の伴《とも》。

浪速《なみはや》の潮《うしほ》なし遡《さかのぼ》ると、
我《わ》が行《ゆ》かば何《なに》はばむ、長髄彦《ながすねひこ》。
いざのぼれ、大和《やまと》は近《ちか》し、
いざ奮《ふる》へ丈夫《ますらを》の伴《とも》。

第八章　天業《てんぎょう》恢弘《かいこう》

男声女声（独唱斉唱竝に合唱）

神坐《かみま》しき、蒼雲《あをぐも》の上《うへ》に高《たか》く、
高千穂《たかちほ》や槵触峯《くじふるたけ》。
遼《はる》かなりその肇国《はつくに》、
窮《きは》みなし天《あま》つみ業《わざ》、
いざ仰《あふ》げ大御言《おほみこと》を、
畏《かしこ》きや清《さや》の御鏡《みかがみ》。

国《くに》ありき、綿津見《わたつみ》の潮《しほ》と稚《わか》く、
光宅《みちた》らし、四方《よも》の中央《もなか》。
遡《はる》かなりその国生《くにうみ》、
かぎりなし天《あま》つ日嗣《ひつぎ》、
いざ継《つ》がせ言依《ことよ》さすもの、
勾玉《まがたま》とにほひ綴《つづ》らせ。

道《みち》ありき、古《いにしへ》もかくぞ響《ひび》きて、
つらぬくや、この天地《あめつち》。
遡《はる》かなりその神性《かむさが》、

おぎろなしみ剣《つるぎ》よ太刀《たち》、
いざ討《う》たせまつろはぬもの、
ひたに討《う》ち、しかも和《やは》せや。

雲蒼《くもあを》し、神《かみ》さぶと弥《いや》とこしへ、
照《て》り美《ぐは》し我《わ》が山河《やまかは》。
邈《はる》かなりその国柄《くにがら》、
動《ゆる》ぎなし底《そこ》つ磐根《いはね》、
いざ起《た》たせ天皇《すめらみこと》、
神倭《かむやまと》磐余《いはれ》彦命《ひこのみこと》。

神《かみ》と坐《ま》す大御稜威《おほみいつ》高領《たかし》らせば、
八紘《あめのしたひと》一つ宇《いへ》とぞ。
邈《はる》かなりその肇国《はつくに》、
涯《はて》も無《な》し天《あま》つみ業《わざ》、
いざ領《し》らせ大和《やまと》ここに、
雄《を》たけびぞ、弥栄《いやさか》を我等《われら》。

第Ⅰ章　余は如何にして「海道東征」と出会いし乎

筆者著『信時潔』
（カバー写真は田沼武能氏撮影）

この章のタイトルを、内村鑑三の有名な『余は如何にして基督信徒となりし乎』を模した、或る意味では大仰なものにしたのは、内村鑑三にとって「基督教」との出会いが持った意味とは、その内容は違っているが、「海道東征」という音楽作品が近代日本文明に対する私の見方に重要な視点を与えてくれたことや私の人生の展開に大きな影響を及ぼしたことなどから、このような表現を使いたくなったのである。

小林秀雄の「モオツァルト」

私は、若いときから、クラシック音楽が大変好きであった。文芸批評家の道に進みたいと思ったのもその頃のことであった。それには、小林秀雄の批評文との出会いが決定的なものであったが、その小林の作品の中でも特に「モオツァルト」に深く感動を受けたことが今、思い出される。やはり、クラシック音楽についての批評に心打たれたのである。文学を対象にしたものではなかったことは、その後の私の批評の対象が、音楽や美術や思想などであったことを予告していたように思われる。

小林秀雄の「モオツァルト」の何に一番感銘を受けたかといえば、音楽作品を直接的に論じるのではなくて、自分の音楽的経験を通して語っていることであった。批評の対象は、音楽作品ではなく、音楽についての自分の深い経験なのであった。そして、その自分の経験を批評することがその音楽の本質を衝いているという、批評の奇跡が起きていることであった。

普通、日本におけるクラシック音楽の聴き方は、どうしても観念的であり、西洋文化に対する後進国・日本の対し方の特徴が、或る意味で露骨に出ているものである。そういう中で、小林秀雄の「モオツァルト」は、西洋人モーツァルトの西洋音楽を、日本人小林秀雄が、見事に「血肉化」したものであった。小林が若いときに翻訳したポール・ヴァレリーの「テスト氏との一夜」の中に「発見は何物でもない。困難は発見したものを血肉化するにある。」という恐ろしい言葉があった。何故、恐ろしいかといえば、近代日本の西洋受容は、ほとんど「血肉化」しないものに過ぎなかったからである。私は、クラシック音楽はとても好きであったが、西洋のクラシック音楽をめぐる日本の文化状況には嫌悪感すら覚えていた。「血肉化」されずに、「西洋かぶれ」の段階にとどまっている軽薄さが、目立つからである。

小林秀雄の「モオツァルト」のような批評を創造したいという思いから、私は三十四歳のとき、「シュウベルト」を書いた。その頃、私はシューベルトの音楽に没入していた。シューベルトと書いてもいいのに、小林がモーツァルトをモオツァルトと表記しているのに倣って、シュウベルトと題したのである。これも、当時没頭していたシューベルト経験を通して、シューベルトの音楽を批評したものであった。このようなスタイルで、その後、ブルックナー、ブラームス、ショパンなどを対象にしたものを書いた。

「音楽は即ち国のさゝやき也」

そうして、四十代半ばになったとき、西部邁さんが主宰していた月刊誌『発言者』に音楽をめぐって連載することとなった。『発言者』は、言論誌である。単なる音楽談義というわけにはいかない。この音楽が好きだとか、この演奏家はいいとか、そんなことを書いたところでどうなるものでもない。また、小林的に音楽的経験を鋭く批評するとしても、結局、それは自分の経験を歌い上げるしかなくなる。そのスタイルで成功することは確かにあるが、それは稀なことであり、あえていえば奇跡的に起きるものである。「疾走する悲しみ」とは、そのようなものであった。

そんなことを考えていて、この連載をどのようなスタイルで書くかがなかなか思いつくことができず、私としては初めてであったが、連載開始の時期を一カ月遅らせてもらったほどであった。しかし、今思えば、この熟考が次なる展開をもたらしてくれたものだった。いつどこでもこの連載のことを考えているようなとき、ふと、斎藤緑雨が、音楽は国のささやき、というようなことを書いていたな、と思い出したのである。神の恩寵とさえ言いたいくらいであった。私は、二十三歳のとき、「緑雨死後七十余年」という緑雨論を書いていた。この二十余年前に書いたものの中に引用していた緑雨のアフォリズムの一つが思い出されたのである。早速、この論を収めた『文藝評論』を読み直した。それは、緑雨の『半文銭』にある次のようなアフォリズムであった。

○老たるとなく若きとなく、男、女の胸のさゝやきの凝りたるもの、世々に流れて音楽とはなりけらし。音楽は即ち国のさゝやき也。彼れの曲と此れの歌と、強て東西の異るを綴り合せて、妖怪に似たる声をなすの音楽あるときは、妖怪に似たる声をなすの日本国なることを知るべし。

この「音楽は即ち国のさゝやき也」という言葉が天啓のようにやって来たのであった。「国のさゝやき」として音楽を捉えるという観点が、単なる音楽批評を超えて、音楽を現在の「日本国」の精神的状況を表しているものとして批評するというスタイルを手に入れさせたのであった。クラシック音楽の演奏会、あるいは発売されたCDなどの音楽を「国のさゝやき」として論ずることができるようになったのである。一種の時代批評となり、言論誌『発言者』にも相応しいものとすることが出来た。そして、連載は三年続き、それをまとめたものが『国のさゝやき』であった。連載はさらに三年ほど続き、それは実質的に『国のさゝやき』の続編であったが、『鈴二つ』というタイトルで上梓した。

日本近代音楽館の片隅で聴いた「海道東征」

連載の六回目（平成十二年一月号）が、『海ゆかば』とバッハのコラール」であった。ここで、初めて本格的に信時潔と出会ったのであった。「海ゆかば」という近代日本の最深の音楽について、私は、しっかり聴いていたのではなかった。聴くことは出来なかった。戦後の文化空間において「封印」されていたからである。記録映画などで一部が流されるのを聴いていただけだが、それだけでも深い感銘を受けていた。まさに音楽としてではなく、戦時中の「国のさゝやき」として、歴史として聴いていたのである。「海ゆかば」の作曲家、信時潔という人物を知り、作家の阪田寛夫の小説「海道東征」というものも知った。そして、交声曲「海道東征」という作品があり、それが大変な名曲であること、しかし「海ゆかば」以上に「封印」されていることを知ったのであった。

そして、連載の二十四回目（平成十三年七月号）に『海道東征』を聴きに行く」という文章を書いた。まだ、そのとき、「海道東征」を私は聴いていなかった。というのは、CDも何もなかったからである。飯倉の交差点にほど近いところにあった日本近代音楽館（今は、ここは閉館され、平成二十三年に明治学院大学図書館付属となった）に、「海道東征」の戦前の録音があることを知り、聴きに行った。そのときのことを、次のように書いた。

「海道東征」は、普通のカセット・テープよりもさらに小さい、デジタル・オーディオ・テープに入っていた、あるいは封印されていた。独唱並合唱、東京音楽学校、伴奏、東京音楽学校管弦学部、指揮、木下保のもので、ビクター、昭和十六年五月十日と録音資料集に書かれている。

ＳＰ盤から採られたに違いない、このテープはやはりノイズが多く、その上、全曲で一時間弱の作品をヘッドホンで聴かなくてはならないので、じっくり鑑賞できる状態ではなかった。余り広くもない閲覧室の隅に置かれた再生装置の前に腰をかけて、一時間ほど「海道東征」をノイズ越しに聴きとろうとしながら、不思議な思いをしつづけた。ヘッドホンの奥で「歴史」が鳴っていた。

私の「海道東征」との最初の出会いは、このような片隅での密やかなものだった。この文章の中で、昭和三十七年正月の特別番組として、当時大阪に本社のある民間放送の東京支社に勤めていた阪田氏の企画で「海道東征」がラジオ放送されたことに触れた後で、次のように結んだ。

信時潔が死ぬのは、それから三年後の昭和四十年夏のことである。「海道東征」がいま一度、すぐれた演奏によって再演されるのは、あるいはＣＤに録音されるのは、いつのことであろうか。それが実現するとき、日本の「国のさゝやき」は、歴史が本来持つ荘重さをとり戻すであろう。

「海道東征」のＳＰレコード復刻ＣＤ

こう書いた半年後の、平成十四年の二月に、「ロームミュージックファンデーション　ＳＰレコード復刻ＣＤ集」と題された五枚組のセットが出た。「日本の洋楽 1923 ～ 1944 ――杉浦雅太郎ＳＰレコードコレクションより」と副題が付いているように、杉浦家の五千枚近い膨大なコレクションの中から、戦前の貴重な録音を選んで五枚のＣＤに収めたものである。非売品で、全国の図書館や学校などに二千セットが寄贈されただけなので、私はこのような興味深いものが出たのを不覚にも知らなかった。

それが、たしか五月に入ってから、『発言者』の或る読者の方から、このＣＤ集が出たという情報を頂いた。『週刊新潮』に紹介された記事のコピーも同封されていた。『発言者』の『海道東征』を聴きに行く」を読んで、この情報を提供してくれたのであろう。というのは、復刻されたＣＤ集の一枚目の冒頭に、「海道東征」が入っていたからである。早速、勤務している大学に寄贈してもらい、聴くことができた。

日本近代音楽館ではヘッドホンで聴くしかなかったのだが、今回は、心おきなく何回も繰り返し聴くことが出来た。私は、「海道東征」の詩篇を印刷した特製本を持っている。昭和十八年十一月の発行で、五〇〇部出されたものである。A4判ほどの大型本で、和紙に活版印刷でくっきり押された文字が美しい。この特製本「海道東征」のページをめくりながら、北原白秋の詩が荘重に、美しく歌われていくのを深い感動をもって聴いた。よくぞこんな曲が作れたものだ、とでもいうしかない傑作である。

「海道東征」の最後、第八章「天業恢弘《てんぎょうかいこう》」は、次のように終わる。

邈《はる》かなりその肇国《はつくに》、
涯《はて》も無し天《あま》つみ業《わざ》、
いざ領《し》らせ大和《やまと》ここに、
雄たけびぞ、弥栄《いやさか》を我等。

このCDを聴いて来て、ここに至ると、ヘンデルの「メサイア」のロンドン初演のとき「ハレルヤ」コーラスのところで臨席していた国王ジョージ二世が思わず立ち上がったように、感動の裡に何ものかにつかまれ、引っ張り上げられるように真直ぐに起立するのを私は常とするのである。

信時潔と内村鑑三

交声曲（カンタータ）であり、西洋音楽に基づいているのはいうまでもないが、不思議と、信時潔のこの曲には、西洋臭さが全くない。何か深く、日本に根差したものとなっている。これは、同じＣＤの後半に収められた、近衛秀麿の「大礼奉祝交声曲」と聴き比べれば、よく分かる。信時の曲が終わって、近衛の曲が始まった途端に受ける違和感は、近衛の作品に、ヴァーグナーやリヒャルト・シュトラウスの強い影響（模倣とまではいわない方がいいだろう）が余りにもはっきりしていることから来るものである。

しかし、一方、信時の曲は、また日本臭いものでもない。「日本的な、余りに日本的な」ものではない。琴や三味線、あるいは尺八といった邦楽器を使用するといった、表面的な日本らしさに、全くもたれかかっていない。

ここで、斎藤緑雨のアフォリズムが思い出される。緑雨は「彼れの曲と此れの歌と、強て東西の異るを綴り合わせて、妖怪に似たる声をなすの音楽あるときは、妖怪に似たる声をなすの日本国なることを知るべし。」と言った。近代、あるいは現代の日本のクラシック音楽の作品の中には、かなり多く「彼れの曲と此れの歌と、強て東西の異るを綴り合せて、妖怪に似たる声をなすの音楽」があるのである。現に、クラシック音楽といっても、日本人の作曲家の作品には、ほとんど興味がなかったし、聴いたこともまずないといってよかった。他の芸術分野もそうであることを思うとき、日本は「妖怪に似たる声をなすの日本国」なのであろうか。この中で、西洋を「血肉化」して、真の精神世界を創造するのは、実に「困難」なことだったのである。日本人の作曲家で、本当に感心したのは、信時潔が初めてであった。

この信時の、軽薄な西洋受容でもなく、かつ「日本的な、余りに日本的な」ものに「倚りかからず」に立つ精神の姿勢を思うと、私はやはり内村鑑三の基督教のことを連想するのである。内村の基督教は、勿論「日本的な、余りに日本的なもの」と厳しく対峙したが、また西洋文明、文化の一要素としてのキリスト教をただ受け入れることを最も潔しとしなかったのである。内村鑑三のいわゆる無教会主義の基督教は、その清潔な精神に拠って立っているのである。

「Mysterious Personality」が鳴っている

　また、この一時間ほどの交声曲を聴いてきて、最後の第八章「天業恢弘」の終結の大合唱に至って、私は、ランボオの『地獄の季節』（小林秀雄訳）の一節「また見附かつた、何が、永遠が、海と溶け合ふ太陽が。」を想起しつつ、「また見つかった、何が、国体が、音楽と溶け合う言葉が。」という思いに突き上げられたことがある。そこには、「邈《はる》かなりその国柄。」という一行がある。ここに、国体が見えたのである。内村の『代表的日本人』を読んでいて、ふと、感じとるものと同じ性質のものが、表現されていた。日本とは何か、ということが最も深いところでとらえられている音楽である。神武東征とか八紘一宇とかの言葉は、戦後生まれの私にとって、やはり躓きの石であった。しかし、国体という、戦後の言語空間の中で、どう扱っていいかよく分からなくなってしまっているイデーが、ここにはっきりと正しい音で鳴っていたのである。天来の音楽のようであった。「海道東征」という音楽を、本当に何回も何回も聴いたことであった。その経験の中で、私の裡に何かが変わったのである。

内村鑑三は、晩年、昭和二年の「日記」に次のように書いている。

九月四日（日）曇――（中略）――此日又或る事よりして日本を我が愛人として愛するの幸福に気附いた。此は青年時代に於て我心を燃した愛であるが、老年に至って之を復活するの必要を感ずる。日本とは日本政府のことでもなければ、日本人全体のことでもない、日本と云ふ或るMysterious Personalityである。之を愛し之に仕へて我は無上の幸福を感ずるのである。

国体とは、この「Mysterious Personality」を指すのであり、信時潔の「海道東征」を聴いていて、私が見えたと思ったものは、これであった。日本とは、「日本政府」のことではないというのは、今日多くの日本人が同意するであろうが、一方日本とは「日本人全体」であるという平板な通念は支配的であろう。しかし、国体は「日本人全体」の総和などにはないのである。国体は、国賊、不敬漢と「日本人全体」のほとんどから罵られた内村鑑三が、真の愛国者であったという逆説の高みにのみ、成立するのである。

北村透谷は、明治二十二年、最も初期の文章の中で、「余も亦国粋を好めり、然れども耕やさざる可からざるの地を充分耕やされたりとして、鍬と鋤とを用ひざらんとするを好まず。」といった。日本の国体、あるいは国粋は、「充分」耕されていない。凝固した国粋を、或る人々は「好み」、或る人々は嫌っている。しかし、今日、まさに必要なのは、「鍬と鋤とを用」いて、日本という地を耕して、国体、あるいは国粋を生き生きとしたものに育て、心の中に「Mysterious Personality」として抱かれるものとすることである。

日本人のアイデンティティーの問題が、「文明の衝突」の時代に、重要なものとして迫ってくる中で、それが、「凝固した国粋」に傾いていきがちなことに不安を覚える一方、しかし、国粋など問題にしなくていいという無責任な態度で生きることには倫理的に耐えられなかった私は、「海道東征」を聴き続けることで、見えてきた「Mysterious Personality」に精神的な拠り所を得たのであった。だから、「海道東征」を聴くことは、音楽鑑賞といった暢気なものでは全くなかった。それは、精神的な営為に他ならなかった。「凝固した国粋」と「蔑《ないがし》ろにされた国粋」の間で閉塞した精神的状況を突破するものになると直観したのであった。

『「海道東征」への道』

そのような、いわば一種の覚醒をした、丁度一年後、平成十五年の二月二十三日に紀尾井ホールで、「海道東征」が再演されるという事件が起きたのである。作曲家の故芥川也寸志が提唱していた「日本人の作曲した交響作品を甦らせる」ことを活動のひとつの柱として活動を始めたオーケストラ・ニッポニカが、設立演奏会として二月二日と二十三日の二回、昭和初期から戦中にかけての日本人作曲家の作品ばかりをとりあげたユニークなプログラムのコンサートを開いたのである。

二日の方は、「日本の埋もれた作曲家たち」と題され、橋本國彦「感傷的諧謔」（昭和三年）、宮原禎次「交響曲第四番」（昭和十七年）、大澤寿人「ピアノ協奏曲第三番変イ長調」（昭和十三年）の三曲であった。二十三日の方が、「日本の戦中の交響作品」と題され、早坂文雄「管弦楽曲《讃頌祝典之楽》」（昭和十七年）と信時潔の「交声曲『海道東征』」（昭和十五年）であった。

私は勿論、二十三日の方には出かけたが、二日の方は、何となく気が進まなくて、行かなかった。これらの「日本の埋もれた作曲家たち」の作品は、やはり「埋もれ」る必然性を持ったもののように予想されたからである。西洋音楽が、「血肉化」していないように思われたからである。二十三日の方でも、早坂文雄の作品は、「時代」を超えるものではなかった。明治の昔、高山樗牛は、「吾人は須らく現代を超越せざるべからず」と言ったが、人間が自分の生きている「時代」、いいかえれば「現代」を「超越」するのは容易なことではないのは、これら当時の音楽界の俊秀の作品の運命によっても痛切に知られるのである。

そういう風に考えてくると、「海道東征」は、一つの奇跡である。「血肉化」という「困難」が克服されている。この演奏会が、生まで聴いた最初であったが、この曲が、上記の作曲家たちの作品よりも外面的には、紀元二千六百年の奉祝曲として作られたということで「時局」に深く関係しているにもかかわらず「時代」を「超越」しているのをはっきり感じた。少しも古びていない。永遠に新しい。これこそ真の芸術の証である。

このような「海ゆかば」と「海道東征」との出会いを経て、信時潔について書き下ろしで、平成十七年四月に『信時潔』を上梓するに至った。その本の最後に次のように書いた。

確かに「海道東征」は残るであろう。自己表現に過ぎない芸術（近代日本の文学、芸術の多くは、そのようなものであった）ではなく、日本の歴史を貫くものが表現されているからである。

『信時潔』を上梓してから、十年余の間、「海道東征」の復活を願って、様々にこの曲の価値について書いて来た。それをまとめたのが、平成二十八年九月刊の『「海道東征」への道』である。そして、その間、戦後七十年の平成二十七年十一月に開催された、信時潔の生れた大阪の地での公演を機に、「海道東征」は力強く復活するに至ったのである。

交声曲「海道東征」大阪コンサート（平成 27 年 11 月 20 日）
（大阪市、ザ・シンフォニーホール。産経新聞社提供）

第Ⅱ章　「海道東征」の復活

「海道東征」が覚醒させた建国の魂

去る〔二〇一五年〕十一月二十日、二十二日の両日、大阪で行われた交声曲「海道東征」の復活公演は、補助席が出されたほどの大入りであった。アンコールの「海ゆかば」では、会場の人々も一緒に歌って大合唱となり、ザ・シンフォニーホールは深い感動に包まれた。まさに歴史的事件であった。

精神的呪縛から解放された喜び

戦後七十年の間、封印されてきた「海道東征」と「海ゆかば」が演奏されたこの公演会に来られた人々は、信時潔の名曲を聴き、最後に「海ゆかば」を大合唱したとき、戦後の精神的呪縛から解放された喜びを感じたのではないか。

これは、単なる「戦前」の復活などではない。そのようにしかとらえられない貧しい精神は、逆に「戦後」的な価値観に閉塞しているのである。会場に響き渡った、この「戦前」に創られた音楽と言葉は、悠久の歴史の回想を人々に齎《もたら》したのである。人々は、それを聴いて、自分という人間が、日本の建国の歴史に精神の深みで繋がっていることに覚醒して、魂の感動を覚えたのである。「戦前」を懐かしがったりしたのではない。日本人としての精神の基層を掘り起こされ、現代という短いスパンの中でその時代思潮に囚われていた自分が打ち砕かれて、日本の悠久の歴史の魂に触れ得た感動なのである。その感動のうちに、歴史に対する信頼も生まれてくるのである。

この名曲の復活は、優れた芸術は時代を超越するという真実を改めて確信させてくれるものであった。戦後七十年という期間でみれば、変な価値観が支配的になったり「贋の偶像」たちが跋扈《ばっこ》していて、歴史に対して絶望感を抱いたりするが、やはり長い眼で見れば、歴史には正義があるのではないか、歴史を信頼していいのではないか、ということをこの名曲は教えてくれるのである。

交声曲「海道東征」の復活が与えた感動は、北原幸男指揮の大阪フィルハーモニー交響楽団、大阪フィルハーモニー合唱団、大阪すみよし少年少女合唱団と歌手の方々の名演によるところも大きい。指揮の北原さんは「この作品に出合い、人生が変わりました。日本人の品性が立ちのぼる曲。後世に伝えていくことが使命と感じています」と終演後に語られている。

「勝利を収めた」音楽

この名曲は、美しい曲だとか、きれいな旋律だとかといった音楽鑑賞の次元に留まるようなものではない。「人生が変わ」るような力を持った作品なのである。これは、会場で聴いた多くの人々が共有した経験であろう。

北原さんは「信時先生の日本人としてのアイデンティティーに強く共感した」と言われ、「日本の文化を毅然と表現した音楽ですが、決してがなり立てず、抑制をきかせるところにも品性を感じる。そこが聴く人の感情を揺さぶるんです」とこの曲の魅力の核心を衝かれている。この「抑制をきかせ」た音楽の復活を「戦前」の復活などと「がなり立て」る人々は、「品性」がないのである。

十九世紀フランスの詩人、ボードレールは、一八六一年に「リヒャルト・ヴァーグナーと『タンホイザー』のパリ公演」という音楽批評の傑作を残した。「ヴァーグナーの音楽は、それ自身の力によって勝利を収めた」と書いたが、「海道東征」の今回の大阪公演の成功は、時代の風潮によるものではない。信時潔の音楽は「それ自身の力によって勝利を収めた」のである。また、「私は、一つの精神的手術、一つの啓示を受けたのであった」と詩人は告白したが、「海道東征」を聴いた人は「精神的手術」を受け、日本の魂の「啓示」を体験したのではないか。

涙ぬぐう人、しめやかな感泣

いずれ、この日の演奏がライヴ盤としてCD化されると聞いている。ライヴ盤の名盤ということで思い出されるのは、メンゲルベルク指揮ロイヤル・コンセルトヘボウ管弦楽団の「マタイ受難曲」である。第二次世界大戦前夜の演奏で、歴史的なライヴ録音として、つとに有名なものである。その理由の一つは、いわゆるペテロの否認の場面にアルトのアリア「憐み給え、我が神よ」が、ソロ・ヴァイオリンの痛切な旋律とともに歌われるところで、客席のすすり泣きが聴こえてくることである。

この日の「海道東征」と「海ゆかば」の演奏の最中に、涙をハンカチでぬぐっている人を何人も見た。これは、日本の歴史の魂に触れることができた感動である。「海ゆかば」の演奏のときには、あちこちでしめやかな感泣が聴こえた。メンゲルベルクのライヴ盤のように、今回の演奏会のライヴ盤も会場の音を拾えたら、まさに歴史的な録音になるに違いない。

北原さんは「後世に伝えていくことが使命と感じています」と言われた。この「使命」はこの日の歴史的事件に立ち会った人々が深く感じたことであろう。来年は、この「海道東征」がまさに「東征」して、東京での公演が実現することを強く望むものである。日本人の精神的復活は、ここに決定づけられるであろう。

（二〇一五・一二・一）

歴史を精神の芯として記憶せよ

音楽の世界を超えた「海道東征」　この春、交声曲「海道東征」のCD（ライヴ盤）が、二枚発売になった。一枚は、一昨年の二月十一日、建国記念の日に熊本県立劇場コンサートホールで行われた山田和樹指揮、横浜シンフォニエッタほかの演奏によるものであり、もう一枚は、昨年の十一月二十八日に東京上野の東京藝術大学の奏楽堂で行われた湯浅卓雄指揮、東京藝大シンフォニーオーケストラほかの演奏によるものである。

夏には、昨年の十一月二十日と二十二日に大阪のザ・シンフォニーホールで行われた北原幸男指揮、大阪フィルハーモニー交響楽団ほかによる演奏のライヴ盤も出ると聞いている。これまで、ほとんど戦前の録音でしか聴けなかった「海道東征」が、一挙に三枚のCDで聴けることになった。聴き比べてみるのも一興であろう。「海道東征」の復活も、ついにここまで来た。

さらに、大きな反響を呼んだ昨年の大阪での「海道東征」が、今年も十月三日に大阪フィルハーモニー交響楽団の演奏で再演されることになった。「海道東征」が日本人にとって必聴の名曲になっていく着実な歩みであり、昨年会場に溢れた感動をさらに多くの人々が経験されることを強く願う。

この一連の「海道東征」をめぐっての動きには、何か音楽の世界を超えたものがあるように思われる。春に出たCDについては、クラシック音楽関係の雑誌のCD評などに取り上げられてはいるが、どうもこの曲を扱いかねている面がある。それはある意味で当然だ。「海道東征」を聴くということは、音楽を聴くことではない。歴史を聴くことだからである。

バラストのない船は転覆する

「海道東征」が、昭和十五年に作られたからといって、この曲を聴くことは戦前の歴史を聴くことでない。北原白秋作詩、信時潔作曲の「海道東征」が表現しているのは、日本の歴史の源泉ともいうべきものなのである。神武天皇の東征を題材にしているこの曲は、遥《はる》か古代に思いを馳《は》せさせる。この遠い歴史を記憶し、それを精神の芯として生きることを今日の日本人は求めているのではないか。それが「海道東征」が、ここまで話題になる所以《ゆえん》ではあるまいか。

遥かな歴史の記憶を精神の重石《おもし》として生きることが、確かに必要な時代になってきているのである。この歴史の記憶のない人間、あるいは民族は、いわばバラストのない船のようなものであり、その底が軽いためにすぐ転覆してしまうであろう。

歴史意識ということでは、ユダヤ人のことを思う。五月七日付の『産経新聞』に、長州「正論」懇話会での渡部昇一氏の講演「これからの日本の生き方」の概要が紹介されていた。「能力主義　ユダヤ系に学べ」とあり、「グローバルな自由主義経済が進む世界で生き残るには、長期にわたって迫害を受けてきたユダヤ人の知恵が必要だと強調した」と書かれている。そして、ユダヤ人が行ってきた、取引ではすべて契約書を交わすことで成立する「契約書至上主義」と、徹底した能力尊重主義を挙げられたという。ユダヤ人に注目されたことは、慧眼《けいがん》であり興味深かった。

祖国に向かって歩き出す

私は、渡部氏が挙げられた点のほかに、ユダヤ人の歴史意識を挙げたいと思う。山本七平の『日本人とユダヤ人』の中に書かれている「イエーメンのユダヤ人の物語」がその例である。

彼らは、その地に移ってから二千年くらいの間、外部の文明世界から隔絶されていた。それが、ある日のこと、風の便りに、神はその約束を果たされ、パレスチナの地に自分たちの国が建てられたと聞いた。その瞬間、四万三千人のユダヤ人が、すべてを捨てて、岩山を越え、砂漠を過ぎ、祖国に向かって歩き出したという。

イスラエル政府は驚き、輸送機をチャーターしたが、彼らは飛行場まで来たとき、大きな輸送機を見ても少しも驚かず、当然のようにそれに乗り込んだので、迎えに来た者の方が驚いた。それをただすと彼らは平然と答えた。「聖書に記されているでしょう、風の翼に乗って約束の地へ帰る、と」。山本氏は、こういう物語は目の前で起こっているから否定できないが、これが聖書や古文書に記されていたら、日本人は「伝説さ」というであろうと書いている。

『古事記』という「古文書」に記されている神武東征の「物語」を、今日の日本人は「伝説」というであろう。そもそも「伝説」として記憶することさえ、多くの日本人はしていない。記憶している日本人ですら、戦後教育の影響の下、それは「伝説さ」とうそぶくに違いない。この精神の弊習を克服することが必要であり、「海道東征」が、今日復活しなくてはならない根本問題はそこにある。この名曲は、そういう近代の「賢《さか》しら」を打ち砕くからである。

日本人は、遥かな歴史を精神の芯として深く記憶しなくてはならない。その記憶が重石《おもし》となるとき、精神的な意味で「祖国に向かって歩き出す」ことであろう。（二〇一六・六・八）

明治天皇と神武天皇のつながり

去る十月三日、大阪で交声曲「海道東征」が再演された。戦後七〇年に当たる昨年の十一月に作曲家・信時潔の没後五〇年も記念して、出身地である大阪で演奏会が開催された。本公演、追加公演とも大入り満員であった。それを受けての再演となったが、今回も盛況で深い感動が会場にあふれた。

本格的に復活した「海道東征」　今回の再演は、この埋もれていた名曲が今後、各地の演奏会で取り上げられるようになる一歩であろう。「これは一人の人間にとっては小さい一歩だが、人類にとって偉大な飛躍である」という月面着陸の宇宙飛行士が残した有名な言葉をもじっていうなら、この復活は大阪の一つのホールで行われた小さな一歩だが、日本人の精神的覚醒にとっては大いなる飛躍をもたらすものとなるに違いない。

そして、来年の四月十九日には東京で演奏会が開かれる運びとなった。会場は東京芸術劇場で、演奏は東京フィルハーモニー交響楽団である。一昨年の熊本での公演から始まった「海道東征」の文字通りの「東征」が、ついにここまで来た。この「東征」は、この曲を聴いた日本人に、「海道東征」のような作品を封印してきた「戦後的なるもの」と精神的に戦うことを呼びかけているのだ。

「海道東征」は、神武天皇の東征を題材にして北原白秋が作詩し信時が曲をつけた作品だが、戦後生まれの私は神武天皇についてそれほどは知らなかった。そんな私にとって、この夏に刊行された『神武天皇はたしかに存在した』(産経新聞出版)は興味深い本であった。昨年、本紙に『「海道東征」をゆく』として連載されていたときから愛読していたが、今回一冊の本になったものを通読すると、神武天皇の東征から即位までの建国神話がよく分かる。

さらに、本書の特長は、副題に「神話と伝承を訪ねて」とあるように、神武天皇の東征の足跡と事績を実際に取材して、その土地に残る伝承を記しているところにある。こういうふうにさまざまな地方に、伝承が今でも鮮やかに伝えられていることにとても感銘を受けた。何か西日本の地図が、精神的な深みを一段と増して見えてくるようであった。本来、日本地図をこのように歴史と伝承に覆われた立体的な像として思い浮かべなくてはならないのである。

危機にこそ国家の始まり考えよ

本書の序章は「日本の始まりは、神武天皇と東征と即位にある」と題されている。この「日本の始まり」を戦後の日本人は、あまり想起してこなかったのではないか。しかし、国家が大きな危機に見舞われたとき、回顧しなければならないのは、国家の「始まり」なのである。

明治維新のとき、当初、王政復古とは「建武の中興」に復帰するということが考えられていた。しかし、岩倉具視の顧問であった国学者の玉松操の意見により「神武創業」の根本にまで遡《さかのぼ》るということになったのであった。かくして明治維新は偉大であったのである。明治は明治として偉大であったというのでは足りない。明治は、「神武創業」に基づく理念から出発した時代であったから偉大なのである。

昨年開催された「ダブル・インパクト　明治ニッポンの美」という展覧会で展示された竹内久一の木像彫刻「神武天皇立像」は、明治二十三年の作品だが、作者の竹内自身が明治天皇の「御真影」を基に制作したと述べている。明治天皇は、「神武創業」の根本に遡ることにおいて、神武天皇と直結していたのである。

遥かなる神武創業を回想せよ

同展覧会には、作者不詳の「大元帥陛下御真影」という絵も展示されていた。石版画が縦長の軸装に仕立てられていて、最上部には旭日旗の間から神武天皇が出現している。その下に明治天皇による御製「古の文見るたびに思ふかなおのが治る国はいかにと」が書かれ、その下にイタリア人画家キヨッソーネによる有名な「御真影」を基にした明治天皇像が描かれている。

日本の古代史において、英雄と呼ばれうる存在は、神武天皇と日本武尊《ヤマトタケル》とされるが、紀元前四世紀の英雄アレクサンドロス大王について、紀元二世紀のローマ人が著した『アレクサンドロス大王東征記』がある。神武天皇もアレクサンドロス大王も「東征」したのである。神武東征のハイライトの一つに、八咫烏《やたがらす》の登場があるように、アレクサンドロス大王の東征にも、二羽の烏が先導役を務めたことが出てくるのは興味深い。

十一月三日の「文化の日」を「明治の日」とする機運が高まっているが、明治とは明治そのものが栄光の時代であったのみならず、明治天皇と神武天皇のつながりによって歴史的意義が深いのである。来る平成三十年は明治維新一五〇周年である。実現が待たれる「明治の日」に回想するのは、明治の四五年間だけではなく、遥《はる》かなる神武創業なのだ。そして、やがては十一月三日に、全国各地で「海道東征」の演奏会が開かれる時代の来ることを祈念するものである。

（二〇一六・一〇・三一）

国際秩序が「世直し」的激変

「建国記念の日」の二日前、橿原神宮に参拝した。いうまでもなく、神武天皇をお祀《まつ》りしている神宮である。かねてより日本人として一度は行かねばならないと思っていたが、この度、実現することができた。雪のちらつく寒い日であったが、近鉄奈良駅から電車に乗って橿原神宮前駅に降り立つと、清冽《せいれつ》な寒さに気が引き締まるようであった。

「古代」を漂わす橿原神宮

まず、駅舎の風格に感銘を受けた。緩やかな曲線の大きな屋根が美しい。昭和十五年、「紀元二千六百年」の年に村野藤吾の設計により建てられた。村野といえば、昨年の伊勢志摩サミットの会場となった志摩観光ホテルの設計をした人である。名建築が今も数多く残っている大建築家であり、昭和四十二年には文化勲章を受章している。こういう建築家が、「紀元二千六百年」の年に橿原神宮前駅の駅舎を設計したことはすばらしい。

昭和十五年、「紀元二千六百年」の年には、横山大観が「海山十題」を描き、山田耕筰は交響詩「神風」を作曲し、北原白秋作詩、信時潔作曲の交声曲「海道東征」が作られた。この前後は近代日本の文化的高揚が見られたといってもいいであろう。明治以降、近代化に邁進《まいしん》してきた日本が、この時期になって、ようやく日本の歴史を回想するに至った。やはり、真の文化は、歴史を回想する深い経験から生まれるのである。

駅から五分ほど歩くと橿原神宮に着く。まず、目を引くのは大きな木の鳥居である。そして、その先に遠くまでまっすぐに広がっている空間である。この空間の清明さは無類である。雪模様ということもあってか、人はほとんどいなかった。それが、この清明さを強調していたのかもしれない。

参拝した後、森林遊苑を歩いていると、折口信夫の歌碑があった。「畝傍山《うねびやま》かしの尾のへに居る鳥の鳴きすむ聞けば遠代なるらし」。この「鳥」は、八咫烏《やたがらす》に思いを致させたのかもしれない。確かに、この森厳な空気の中では、「遠い古代」にいるような気分になってくる。

「毒気」にあてられた占領後

歴史とは回想である。「古代」の歴史を知るということは、古代史の本などを読むことにとどまらない。例えばこの橿原神宮の地に佇《たたず》んで「遠代なるらし」という経験に没入することである。大いなる回想ができる民族が、偉大なる民族なのである。明治が偉大なのは、単に文明開化を成し遂げたからではなく、「神武創業」の根本にまで遡《さかのぼ》るという偉大なる回想に基づいたものだったからである。

このような「遠代」の回想を戦後の日本は失ってきた。「古代史の謎を解く」というような関心しか持てなくなったのである。神武東征で印象深い場面の一つは、熊野に至ったとき、毒気にあたって病み、気を失うところである。「熊野の高倉下《たかくらじ》」が「一ふりの横刀《たち》」を捧《ささ》げると、神武天皇は目覚めて「長く寝つるかも」といわれた。

思えば、占領下に与えられた「毒気」は、戦後七十余年の長きにわたって保存されてきた。この「毒気」にあたって日本人は、気を失ってきたのである。今や「長く寝つるかも」と覚醒しなければならない。

濁流に流されない心棒を貫け

お守りなどを扱っている所に、保田與重郎の『神武天皇』という小冊子が置いてあった。これは、保田が易しく神武天皇の事績を書き下ろしたものである。

最後の章「神武天皇と国民」に「国家に一大事という時、国の存亡の危機を国民が意識した時、建国の日の苦しみを回想することは、東西古今に見るところです。危機再建の日に、建国の大事業を回想するということは、興隆の原動力です。わが国の過去の歴史を見ましても、万葉集の時代から、国の重大な危機には、神武天皇建国の日を思って、更生の活力を、自他の心にふるい起こしました。その第一人者は、わが国の最大の詩人だった万葉集の柿本人麻呂です」と書いている。

そして、人麻呂が壬申の乱という未曽有の危機の日に、神武天皇建国の史実を歌いあげることによって、自他の心に永遠の信実を強調したのだと続けている。それから、『万葉集』を作った大伴家持が、一族の若者を教えるときに、神武天皇の橿原宮の回想からせよ、と言ったことを挙げている。

今や、戦勝国が拵《こしら》えた国際秩序が「世直し」的な激変を迎えようとしている。国際主義から国民主義へと時代思潮は回帰しつつある。この濁流の中で日本が流されてしまわないためには、日本人の精神に心棒が貫かれていなければならない。それが、「神武天皇の橿原宮の回想」である。国家の始原への遥《はる》かなる回想なのである。四月十九日、東京で公演される交声曲「海道東征」が、国民必聴の楽曲となるべきなのは、この精神の心棒が形成される経験が与えられる音楽だからである。今回の公演のチケットも完売になったという。この曲の公演会が全国各地で次々と開かれていくことを、日本のために祈念するものである。

（二〇一七・三・二七）

時代を超えた芸術「海道東征」に愛国の神髄を聴いた

日本の戦後精神史上の事件

四月十九日の夜、東京で交声曲「海道東征」が高らかに鳴り響いた。日本の戦後の精神史上における一つの転換を告げる事件であった。これは、「海ゆかば」の作曲家・信時潔の評価がその代表作の復活によって正されたということであり、戦後長きにわたって封印されてきたこの曲の真価が広く認められたということである。

しかし、交声曲「海道東征」の復活を、戦前への回帰とか戦前の日本を良しとする考え方の表れだとかのとらえ方をする向きもあるようなので、ここでこの曲の芸術としての価値について書いておくのも無駄ではあるまい。

昭和十五年、紀元二六〇〇年の年に奉祝曲として作られたこの曲は、そのような機会音楽でありながら、それを超えた芸術的な高みに達している。確かにその頃、当時の時代思潮に「便乗」した芸術も多く作られたであろうが、たらいの水と一緒に赤子を流すようなことをしてはならないであろう。戦前のものに対して、そのような愚挙を戦後の日本人はしてきたのである。最近の教育勅語をめぐる騒ぎもそのようなものであろう。

いつの世にも時代の風潮に「便乗」したものが出てくるもので、戦後には「戦後民主主義」に「便乗」したものが輩出したではないか。今、戦後の「贋の偶像」の凋落《ちょうらく》が進んでいるが、一方、保守的な考え方が主流になってくれれば、またそれに「便乗」したものが出て来るのは、このところ世間を騒がせている事件をみれば分かる。

時代を超えて評価された芸術

この曲が発表された当時、どのように聴かれていたか、例を挙げよう。詩人の谷川俊太郎氏は、昭和六年生まれであるが、過日亡くなった大岡信氏が眼の詩人だとすれば、谷川氏は耳の詩人ともいえると思う。その氏が、戦後六〇年に出た「海ゆかばのすべて」というCDに付された解説書に「私の『海ゆかば』」と題した文章を寄稿している。その中で、「子どもの私はそれまでも音楽がきらいではなかったが、音楽にほんとうにこころとからだを揺さぶられたのは、『海ゆかば』が最初だった」と書いている。

そして、「海道東征」については、『海ゆかば』をきっかけに私は西洋音楽に目覚めたと言っていい。ベートーヴェン、バッハ、ショパン、ドボルザーク……自分の感動だけを頼りに、私は次々に好きな曲を発見していったのだが、それらと並んで私が愛聴したのが北原白秋詩・信時潔曲の『海道東征』だ。この八枚組のSPも手元にあるが、ジャケットがぼろぼろになっている」と経験を語っているのは、この曲が音楽として優れたものであることを示している。

童謡「サッちゃん」の作詩でも知られる作家の阪田寛夫氏は、音楽を深く愛した人であった。平成十七年に亡くなったが、大正十四年生まれで「海道東征」を生まで聴いている。昭和六十一年に発表した中篇小説「海道東征」の中で、昭和十五年十一月三十日に大阪で初めてこの曲を聴いたときの感動を書いている。

当日演奏された三曲のうちで「圧巻は二百人以上の合唱のついた『海道東征』だった。第一章『高千穂』の越天楽のような連続音の中から、いきなり心ひろびろと歌いだすバリトン独唱がすばらしかった。言葉がよく聞えて、しかも輝かにひびきわたり、ふしはいい気持でなぞりたくなるほど明るく楽しげだから、『神坐《かみま》しき』とか『み身坐《みま》しき』といった耳なれぬ言葉ごと、いきなりそっくり覚えてしまった」と回想している。そして阪田氏も、谷川氏が持っていた八枚組みのSPレコードを手に入れていた。

これらは戦前の経験の話だが、平成十五年に紀尾井ホールで「海道東征」が演奏されたとき、これを聴いた川本三郎氏は『白秋望景』の中で「予想をはるかに超えた神々しいばかりに美しい曲で、粛然、陶然とした。とくに児童合唱団が歌うところはその美しさに圧倒された」と書いている。このように、ものの本質を聴き取る耳を持った人たちの高い評価を考えれば、この曲が時代状況を超えた芸術であることが知れるであろう。

似せがたい高い「姿」に倣え　本居宣長に「姿ハ似セガタク、意ハ似セ易シ」という言葉がある。愛国の精神であろうが保守の心であろうが「意」は誰でも「便乗」して言えるのである。似せ易いことである。しかし、北原白秋と信時潔が作った芸術に表現された国を思う心の姿は似せがたいのである。われわれは、この曲を聴いて自分の精神をこの高い「姿」に倣うように努めなければならない。「意」にただ同調してみても仕方がないのである。

今回のプログラムは、シベリウスの交響詩「フィンランディア」から始まった。当時帝政ロシアの圧政下にあったフィンランドの独立への強い願いが込められた名曲である。私は、信時潔は日本のシベリウスといってもいい存在ではないかと思っているが、この二人の名曲によって、至純なる愛国心の神髄を聴き取ることができた、すばらしい春の一夜であった。

（二〇一七・五・五）

「海道東征」は封印されていなかった

福岡県の柳川市を初めて訪ねた。詩人、北原白秋の故郷である。北原白秋作詩・信時潔作曲の交声曲「海道東征」については、これまで度々書いてきたけれども、信時潔を論じることが多くて、作詩をした白秋のことはあまり触れてこなかった。しかし、この名曲を深く味わうためには、やはり白秋という大詩人と白秋が作詩した八章に及ぶ大作について考えなくてはならない。ということで、今回の柳川への旅になった。

戦後の風潮で冷遇された大作

白秋は死のひと月前に「水郷柳河こそは、我が生れの里である。この水の柳河こそは、我が詩歌の母体である。この水の構図、この地相にして、はじめて我が体は生じ、我が風は成つた」と書いた。

川縁に白秋の歌碑がいくつもあった。白秋の誕生日の一月二十五日には毎年、白秋生家裏の「帰去来」の詩碑苑で白秋生誕祭が行われている。白秋は、その「生れの里」で広く知られているのである。

白秋記念館は、白秋の生誕一〇〇年を記念して昭和六十年に開館した。そこを訪れるに際して気になっていることが一つあった。それは、白秋の詩「海道東征」の扱いである。というのは、この白秋の最晩年の大作は、戦後の風潮の中では冷遇されてきたからである。例えば、岩波文庫に『北原白秋詩集』は、上下二冊入っている。詩集が二冊も出ているのは、恐らく白秋くらいなもので、さすが大詩人の扱いである。しかし、この二冊の文庫本に「海道東征」の詩は収録されていない。ここに、戦後の日本の精神史における極めて重要な問題がある。だから、白秋記念館でのこの詩の扱いが、心配だったのである。

「海道東征」は封印されておらず

しかし、記念館の展示には、ちゃんと「海道東征」があった。「海道東征」には、昭和十六年に『福岡日日新聞』の文化賞が贈られたのだが、その記述とともに文化賞の盾も展示されていた。

白秋は授賞式に参列するために帰郷したが、その際に母校矢留小学校の講堂へ向かう白秋の写真も掲げられていた。小学生の列に迎えられて歩いている白秋の写真だが、その写真の説明文に、「海道東征」が文化賞を受賞した際の帰郷のときのものであるということが書かれていた。このように、郷里の白秋記念館においては「海道東征」が「封印」されていないことを知って、私はうれしかった。

展示室を歩きながら、白秋という詩人の道程について考えていた。一言でいえば、叙情詩人から叙事詩人への道である。私は、昭和十八年刊行の「海道東征」の特製本を所有しているが、これに風巻景次郎による「海道東征註」という小冊子が付いている。風巻といえば、岩波文庫にも入っている『中世の文学伝統』などでも知られる優れた国文学者である。その風巻が交声曲詩篇を「荘厳なる古典調叙事詩」と呼んでいる。

白秋は、ついに「叙事詩」を書いたのである。近代詩とはすなわち叙情詩に他ならない。白秋も近代詩人として、叙情詩の名作を数多く残したが、最後に叙事詩の傑作を完成させたのである。北原白秋の真の偉大さはここにある。

「蒼古雄勁の調」を味わい覚醒を

風巻は「全体として蒼古《そうこ》雄勁《ゆうけい》の調、まことに長《たけ》高く、秀逸の体、建国創業賦の序曲としてふさはしい古典的芬香《ふんこう》にみちてゐる。北原白秋氏の詩業に於《おい》て本篇の基本となつてをるやうな格調の萌芽は既にはやく大正末年の彼方にあり、かの幽玄閑寂の『水墨集』の後を承け、一転して記紀歌謡の始原の態を偲《しの》ばしめる古典調となつて、後に『海豹と雲』に結集された諸作品の上に、くきやかに姿を現じてゐるのである。本篇はさうした古典調の鋳型を現代語感の上に次第にうち立てつつあつた白秋氏数十年の全努力の集成であって、かるがるしく一朝一夕の思ひつきによって成ったのではない」と評している。

白秋自身も「私はここに於て、これまでの全詩集を、この交声曲詩篇『海道東征』に総括し、我が大成を所期した」と書いているのであって、交声曲「海道東征」は、信時潔の音楽がすばらしいのはいうまでもないが、白秋の詩も「大成を所期した」叙事詩の傑作なのである。交声曲「海道東征」が不滅の名曲である所以《ゆえん》である。

この「蒼古雄勁の調」の日本語を味わうことで、現代の日本人は改めて日本人であることに覚醒する。日本という国が、祖国であることに思いを新たにするのである。かつてシオランという思想家は「人は国に住むのではない、言葉に住むのである。祖国とは、この言葉以外のものではない」と言った。現在の日本語は祖国としての言葉という感じが希薄だ。交声曲「海道東征」の日本語で精神を洗うことが必要であろう。

この不滅の名曲の演奏会が、十二月十九日にミューザ川崎シンフォニーホールで開かれることとなった。さらに来年の二月二日には、大阪のザ・シンフォニーホールで開催される。願わくば、多くの日本人が言葉と音楽の裡《うち》に祖国を感じ取られんことを。

（二〇一七・九・二〇）

今こそ「海ゆかば」の精神を

ハンチントンの『文明の衝突』は一九九六年に刊行されて大きな衝撃を与えた。日本でも翻訳が二年後に出版され話題となったが、今年、文庫化されたので改めて熟読した。二〇年ほど前に出たものだが、今日の世界状況を鋭く予言しているように思われる。「文明の衝突」というべき事態が頻発しているからだ。そして、今後の世界も趨勢《すうせい》としてはこの方向で展開していくに違いない。

栄光を保持する意志はあるか

この本では、世界の主たる文明を八つとしたことが注目された。即《すなわ》ち、西欧、中華、日本、イスラム、ヒンドゥー、スラブ、ラテンアメリカ、アフリカである。重要なのは、日本文明が単独で一つの文明とされたことだ。ハンチントンは「文明の衝突」という観点からいうと、日本にとって重要な二つの問題が出てくるという。

一つは、「日本は独自の文明をもつかどうかという疑問をかきたてたことである。オズワルド・シュペングラーを含む少数の文明史家が主張するところによれば、日本が独自の文明をもつようになったのは紀元五世紀ごろだったという。私がその立場をとるのは、日本の文明が基本的な側面で中国の文明と異なるからである。それに加えて、日本が明らかに前世紀に近代化をとげた一方で、日本の文明と文化は西欧のそれと異なったままである。日本は近代化されたが、西欧にならなかったのだ」と書いている。

そして、もう一つは、日本以外の七つの文明には二カ国ないしそれ以上の国々が含まれているのに、「日本がユニークなのは、日本国と日本文明が合致しているからである。そのことによって日本は孤立しており、世界のいかなる他国とも文化的に密接なつながりをもたない」ことである。

つまり日本は一国一文明なのであり、ある意味でこれほどの栄光はないであろう。しかし、逆にこの孤立は悲劇的ともいえる。だから今後の日本人に問われるのは、この悲劇的な栄光を保持し続ける意志があるかどうかである。

「おずおずと」してはならない

この二〇年ほど前の本で、ハンチントンは「二〇一〇年」に仮定した米中衝突のシナリオを書いているが、そこで「中国が軍事的に勝利したのを見て、日本はおずおずと中国にすり寄りはじめ、正式の中立から積極的に中国寄りの中立へと立場を変え、やがて中国の要求にしたがって参戦国になる」と想定している。

このシナリオについては、既に「訳者あとがき」に「議論の余地があるだろう」とされているが、日本人が一国一文明の宿命に耐え続ける覚悟ができず、「おずおずと」した精神であるならば、「近代化されたが、西欧にならなかった」日本の文明は、「独自の文明」として立ち続けることの困難に直面するのではないか。

この予測に憂鬱な気持ちになっているとき、富山県高岡市に行く機会があり、『万葉集』と大伴家持のことを改めて考えることになった。ハンチントンは、日本が独自の文明をもつようになったのは紀元五世紀ごろと書いたが、『万葉集』の最後の大伴家持の歌が詠まれたのは八世紀半ばだ。

日本の「独自の文明」がはっきり姿を現したのはこの頃だったのではないか。なぜ高岡で家持を思い出したかといえば、家持は二十八歳から三十三歳までの五年間ほど越中守として滞在したからである。高岡に行って今年が大伴家持生誕一三〇〇年であることを知った。

「海ゆかば」の復活は必須だ

正岡子規生誕一五〇年であることは知っていた。しかし、近代が終焉《しゅうえん》したように感じられる今日、「近代短歌」の子規よりも『万葉集』の家持の方がはるかに時代が古いにもかかわらず、私の精神に、よりアクチュアルなものとして迫って来るのはなぜだろうか。

「文明の衝突」の時代に、日本文明のアイデンティティーの再発見が必要とされており、家持の精神の中にそれがあるからではないか。家持個人の精神というよりも、「大伴氏の言立《ことだて》」を自覚し回想した家持の精神といった方が正確かもしれない。

『万葉集』に収められた家持の長歌の中で、最大の長歌が巻第一八にある「陸奥国に金を出《い》だしし詔書を賀《よろこ》びし歌」である。天平感宝元（七四九）年五月十二日、家持が越中守のときの三十二歳の作である。家持は、この長歌の中で「大伴氏の言立」として「海行かば水漬く屍《かばね》　山行かば草生す屍　大君の辺にこそ死なめ　顧みはせじ」と詠《うた》ったのである。

交声曲「海道東征」の作曲家・信時潔が、昭和十二年にこの「言立」に曲を付した「海ゆかば」こそ、戦前の日本の最深の音楽であった。それは、遥《はる》かな『万葉集』の時代から昭和の戦前までの日本の歴史を貫く響きでもあった。

しかし、敗戦後、この曲は「封印」された。日本文明の歴史が断絶されたのである。本来の日本文明を回復して立ち続けるためには、この名曲の復活が必須であろう。この宿命的な音楽に、日本文明の核があるからである。

（二〇一七・一一・一）

戦後の惰眠から覚醒し日本文明の「魂」を復興させよう

昨年十二月十九日、ミューザ川崎シンフォニーホールで交声曲「海道東征」が演奏された。アンコールで演奏された「海ゆかば」を聴きながら、戦後七十余年がたって、ついに日本文明の復興が始まったのではないかと思った。

「海道東征」こそ代表的作品　日本は一国一文明の宿命にあるが、それを国粋的に捉えてはよくないであろうし、日本文明の今後の発展につながる発想でもない。

神武天皇の東征を題材としたこの「海道東征」にしても、西洋の近代詩に大きな影響を受けた北原白秋が、最晩年に日本の『古事記』や『万葉集』の言葉を使って創作した民族の叙事詩に、バッハをはじめとする西洋音楽を深く学んだ信時潔が作曲したものである。決して「日本的な、あまりに日本的な」音楽ではなかった。

西洋に影響を受けたにもかかわらずではなく、西洋に学んだがゆえに、日本文明の近代における代表的な作品となった。これが、明治以降の日本文明の宿命である。

「海道東征」は、日本文明の柱の一つとして聴かれ続けるであろう。昭和十五年の「紀元二千六百年」の奉祝曲として作られたこの名曲は、日本文明がはっきり刻印された芸術だからである。

敗戦によって戦後、日本文明は西欧文明、特にアメリカ文明に浸潤されてきたが、近来、日本文明に対する関心あるいは誇りが蘇生しているのは喜ばしいことである。しかしそれが「日本的な、あまりに日本的な」文化への回帰になってはならない。

例えば、『百人一首』のかるたは、家庭で正月の遊びとして使われていた。それにより日本文明の歌による表現が、子供の心に染みこんでいたのである。しかし、この風習が失われつつあることを嘆いて『百人一首』を単に復活させようとしても、真に日本文明の将来に役立つことではない。

古典を世界に開かれたものに

音楽評論家の吉田秀和氏が、詩人・中原中也の思い出を語っている中に、興味深いものがある。昭和初期の頃と思われるが、中也が吉田氏に好んで歌って聴かせたのは、『百人一首』の中にある紀友則の「ひさかたの光のどけき春の日に　しづ心なく花の散るらむ」であった。これを中也は、チャイコフスキーのピアノ組曲

《四季》の中の六月にある「舟歌」にあわせて歌ったという。

「彼は、枕詞《まくらことば》の『ひさかたの』は、レチタティーヴォでやって『光のどけき春の日に』から歌にするのだったが、そこはまた、あのト短調の旋律に申し分なくぴったりあうのだった」と回想している。日本の紀友則の歌を、ロシアのチャイコフスキーの音楽にあわせて歌うというような創意が、近代の日本文明の画期的な表現であった。このように日本の古典というものも、現代に、あるいは世界の文明に開かれたものに変奏する必要があるのである。

吉田氏は昭和三十七年に書いたこの文章で、日本の現代文学の特徴の一つは多くの人に愛される詩人と詩に乏しいことだが、それは、現代の日本人の精神と言葉とが深い所で分裂してしまっている証拠ではないか、と指摘した。その上で「それは、しかし、一国の国民が魂を失ったようなものではないだろうか」と書いているが、戦後とはそういう時代だったのである。

戦前には、北原白秋のような国民詩人がいたのであり、「海道東征」は、日本人という「一国の国民」の「魂」を歌ったものであった。だからこそ、この曲は見事に復活したのである。そして、日本文明の復興とは、この「魂」の復興に他ならない。

奉祝曲としてふさわしい　皇太子さまの即位・改元が来年五月一日に決定した。一二六代の天皇となられる。今後、さまざま奉祝行事が行われることになるであろうが、初代の天皇である神武天皇の東征と橿原の地での即位を描いた「海道東征」は、奉祝曲としてこれほどふさわしいものはないのではないか。二月二日には大阪で演奏会が開かれる。即位に向けて全国各地で奉祝演奏会が開催されることを願っている。

この即位の決定を知ってから、北畠親房の『神皇正統記』を読み直した。その中で、大変強い言葉に出合った。「代くだれりとて自ら苟《いやし》むべからず、天地の始は今日を始とする理なり」と。

今日、世界や日本の状況を見るとき、誰しも「代くだれり」の思いは深いであろう。『徒然草』には「何事も、古き世のみぞ慕わしき。今様は、無下《むげ》にいやしくこそなりゆくめれ」とある。しかし、このような慨嘆はいつの時代にも繰り返されたものにすぎない。それに対して、親房は「天地の始は今日を始とする理なり」と言い切るのである。

年末に「海道東征」を聴いて、心が晴朗になった。平成三十年を迎えて、「天地の始は今日を始とする」と決意し、戦後の惰眠から覚醒して日本文明の復興に取り組まなくてはならない。

（二〇一八・一・一〇）

日本人の意識を覚醒させる時だ

意義深さを感じさせた演奏会

二月二日、大阪で交声曲「海道東征」の演奏会が開かれた。平成二十七年十一月の復活公演、二十八年十月の公演に続いてのものである。東京や川崎でも演奏され定着してきたといえるであろう。

神武天皇の東征と即位を謳《うた》いあげた交声曲が、二月十一日の「建国記念の日」に近い日に演奏されたことは意義深いことである。

この日の演奏会は、前半がモーツァルトの交響曲第四一番「ジュピター」であり、後半が交声曲「海道東征」であった。この二曲を続けて聴くことは、深く考えさせるものを持っていた。これまでの公演では、ベートーヴェンの交響曲第五番「運命」との組み合わせで聴くことが多かったが、そのときも感じていたものが今回のモーツァルトの音楽によってはっきりと意識にのぼってきたようであった。

それは、西洋と日本の問題である。この交響曲は、モーツァルトの最後の交響曲であり、古典的な作風の最高傑作である。西洋というものをある意味で完璧に体現している。「ジュピター」という後世の呼称は、この曲が王者のごとき壮大な風格を持つことから付けられたものであろう。

古典ギリシアの澄んだ青空の輝きが鳴り響く。小林秀雄の「モオツァルト」の中には「四十一番シンフォニイのフィナアレは、モオツァルトのシンフォニイのなかで最も力学的な構成を持つたものとして有名である」と書かれている。このフィナーレについて、音楽学者のアルフレート・アインシュタインは「音楽史上の永遠の一瞬」とたたえたが、最高の調和の中に古典ギリシア的な真―善―美の理想が実現されている。この交響曲は、まさに宇宙的で堅固な秩序感で聴く者を圧倒する。

この西洋文明の神髄のギリシア的な面を象徴するような音楽を聴いた後、北原白秋の詩、信時潔の作曲になる交声曲「海道東征」を聴くとき、ここには紛れもなく「日本」があると感じられる。

海道東征と『夜明け前』の共通点

昭和十一年、小林秀雄が島崎藤村の幕末維新期を描いた歴史小説の大作『夜明け前』を読んで執筆したのが「日本の作家だ」と題された文章であった。その中で「この小説の持つ静かな味ひは、到底翻訳できぬものである。これを書いたものは日本人だといふ、ある絶対的な性格がこの小説にはある」と書いている。そして、「感服したのは、作者が日本といふ国に抱いてゐる深い愛情が全篇に溢《あふ》れてゐる事」だと結んだ。第一部が昭和七年、第二部が十年に刊行された『夜明け前』に小林が感じ取ったのと同じようなものが、十五年に作曲された「海道東征」にはあると言っていいであろう。

ここで、三島由紀夫が自決の二年半ほど前に書いた「銅像との対話」が思い出される。これは、明治一〇〇年の昭和四十三年に『産経新聞』に掲載されたものである。「明治一〇〇年を考える」という副題が付いており、明治に関係した銅像を諸家が週一回のシリーズで執筆しているが、三島は上野公園内の西郷隆盛像と「対話」をしている。

この「対話」で、三島は「恥かしいことですが、実は私は最近まで、あなたがなぜそんなに人気があり、なぜそんなに偉いのか、よくわからなかったのです」と書いている。高村光雲作の西郷隆盛像が「五等身《ママ》」であることは「非ギリシア的」であり「カッコイイものの」とは見えなかったとも付言しているが、「しかし、あなたの心の美しさが、夜明けの光りのように、私の中ではっきりしてくる時が来ました」と告白している。

閉塞した「戦後」からの脱却を

この精神の転回がなぜ起きたかといえば、「それは私が、人間という観念ばかりにとらわれて、日本人という具体的問題に取り組んでいなかった」からだという。近代日本において「人間という観念」は「西洋」が考えた「人間」であり、それが西洋崇拝のせいで普遍的なものだと妄信してしまったのである。「日本人」から出発した「人間観」ではなかった。

保田與重郎は、戦後の著作『述史新論』の中で、「我々は人間である以前に日本人である」と書いた。「日本人である以前に人間」であるというのが、近代の、特に「戦後民主主義」の風潮の中で生きてきた日本人の通念であろう。さらには、「人間」であればいいので、別に「日本人」であることは必要ないと思っている人々もいるであろう。しかし、その場合の「人間」とは、実は西洋渡来の「人間という観念」に他ならなかったのであるが、そのような「観念」にすぎないものであっても「戦後民主主義」という空想の中に閉塞《へいそく》してきた日本人にはふさわしいものであった。

しかし、今や「文明の衝突」の時代を迎えて、三島由紀夫の言うように「日本人という具体的問題」に取り組むべき「時」がやってきた。その考察にあたって交声曲「海道東征」は屹立《きつりつ》した日本の古典として聴かれることであろう。この音楽の中に「日本」が鳴り響いているからである。

（二〇一八・二・一九）

第Ⅲ章

「海道東征」とは何か

昭和16年、帰郷の折の北原白秋
（公益財団法人 北原白秋生家記念財団提供）

1　「海道東征」という奇跡

日本人と西洋音楽

改めて考えてみると、信時潔についていては実は一五年くらい前から調べ始めていたことになります。『信時潔』を書く前に、「海ゆかば」について『発言者』誌上の連載「音楽手帖――国のさゝやき」に書いていています。

戦後を代表する或る音楽評論家が、アメリカに行ったときに、音楽評論家だと名乗ると、アメリカ人から日本の音楽について聞かれたそうです。それで、日本の音楽については書いていいない、知らない、自分はモーツァルトやベートーヴェンなど、西洋音楽の評論家です、と応じたら、「えっ、日本では、西洋音楽を評論する人が音楽評論家として生きているんですね」と言われた。これは、われわれは普通だと思っていますが、よく考えると変な話です。

その人は、音楽評論を沢山書きのこしていますが、信時さんを一言も書いてない。要はブラームス、ベートーヴェン、モーツァルトが評論の対象なんです。一部の現代作曲家などは、琴とか三味線とか尺八などの日本の楽器を使ってジャポニズムに訴えて、フランスのインテリは大体そういうのが好きで誉めたものだから、それを見て、他の日本人も評価することになったわけですが、私はそういう音楽家が残るとは思っていません。

いずれにせよ、日本人の西洋音楽受容は、ほとんど血肉化していません。たまに稀なる天才がいて、すごく苦闘してやっと少し血肉化した、というのが現状です。日本の場合、文学であれば、紫式部の『源氏物語』から西鶴から芭蕉から『南総里見八犬伝』もあって、西洋文学が入ってきても、どしっと受容してきたわけです。西洋の作家が二十世紀にやったことをすでにやっていたと言ってもいい。絵画も、大和絵から浮世絵の北斎に至るまでのすばらしい蓄積があって、印象派が逆に影響を受けたほどになっている。

しかし、悲しいかな、日本では、音楽は非常に貧しかった。やはり日本人は、どちらかというと目の民族なのでしょう。雅楽とか、琴とか三味線とか尺八など、音楽は極端に乏しくて、なぜ江戸時代までの日本人が、ああいう貧しい音楽だけで人生を生きる上で耐えられたのか、ちょっと不思議ではあります。

そうしたなかで、日本では西洋音楽を論じていれば音楽評論家として生きていけるという状況が生まれた。文学の評論家や美術評論家であれば、日本の文学や美術も知ったうえで仕事をしています。でも音楽は、日本の音楽を一切知らなくて評論家として成り立っていたわけです。

明治から大正、昭和の作曲家を見ても、すごく優秀な人々が音楽をやりましたが、今は全然残っていない。橋本國彦（一九〇四―四九）などは当時からすごい才能がある若者だ、天才だと言われた人ですが、「戦前の作品を掘り起こす」という趣旨の演奏会で一回採り上げれば、史料としてはよかったということになりますが、それで終わりです。團伊玖磨（一九二四―二〇〇一）や芥川也寸志（一九二五―八九）、黛敏郎（一九二九―九七）ぐらいになるとちょっといい作品もあるのでしょうが、本格的に團伊玖磨論や芥川也寸志論を書くほどのものは残っていない。

その中で、この「海道東征」は、やはり奇跡的な傑作なんです。これは、日本人の作曲家の作品だからひいき目に見ようなどという気がなくてもすばらしい。本当に数少ない、私に言わせれば、ただ一つと言ってもいいかもしれない、すばらしい作品です。私からみれば、信時潔という作曲家が一人出て、この作品を残した、それだけでいいんじゃないかと思います。多くの作曲家が出る必要はない。信時潔が書いた「海道東征」が、よくぞ日本にあったと思います。これがなかったら、日本人の西洋音楽受容というのは非常に表面的だったといえるでしょう。結局は、小林秀雄ではありませんが、西洋のモーツァルトを日本人として聴くというレベルでは血肉化できても、日本人自身が血肉化した音楽をつくるというわけにはいかなかったでしょう。しかし、信時潔「海道東征」によって、それができたということです。

昭和十五年の国家的運命

では、なぜそれができたのか。

今年（二〇一八年）は明治一五〇年ということで明治を振り返ろうと言われてますが、「海道東征」が作られた昭和十五年というのは、その一五〇年のちょうど半分なんですよね。昭和十五年は「明治七十三年」で、戦後七〇年を経たのが現在です。明治以後の西洋受容によって、信時潔らが持っていた日本人としての精神的教養、「台木」に西洋が接ぎ木されてから、七〇年ぐらいかかって、ちょうどいい感じになった。信時潔自身も、五十三歳という、ちょうど一番の仕事盛りの時期を迎えていた。日本という国のエネルギーとしても、当時は東京オリンピックを呼ぼうとしたり、大東亜共栄圏みたいなものも含めて、すごく外向きのエネルギーがあった時代です。

交声曲「海道東征」は大編成の音楽です。あの昭和十五年という時期の国力と、紀元二六〇〇年奉祝という国家的行事でものすごいお金をかけることができなければ、こんな曲はつくれるわけがない。それまでにも日本では「荒城の月」などの歌曲やオーケストラの曲はありましたが、こんな二百人の合唱団とフルオーケストラの大編成で一時間にわたる曲をつくれる環境にあったのは、まさに昭和十五年という日本の国家的運命と一致したからです。

ある意味で、これは「戦艦大和」の音楽版なんです。明治維新から七〇年で培われた理工系の優れた技術力で、日本は戦艦大和をつくった。戦艦大和は、軍艦だけどアメリカの軍艦とは違って、日本刀みたいだと言われています。やはり、日本人独特の美しさがある。戦艦大和をつくるには、東大の工学部をはじめとして、工学系で大学を出た人がたくさんいたということです。

音楽においても、東京音楽学校（現・東京藝術大学）の学生のレベルが上がっていた。明治のころとは違って昭和のあの時期になると、学生も育ってきて、畑中良輔をはじめとしてすごくレベルが高くなっていた。西洋音楽のヴァイオリンが弾ける人がオーケストラを作れるほどいて、合唱をやっている人が二百人いて、それぞれが高いレベルに達していた。そういった、いろいろな要素がちょうどうまく調和がとれて実現したのが、この「海道東征」だったというのは、何ともいわく言いがたいことです。

日本の近代の芸術では、自己表現としての叙情詩を詠い、歌曲を歌っていたのですが、このときになって、本来の芸術である他者表現というか、歴史を表現するものとして、「海道東征」という日本の叙事詩——叙情詩ではなくて叙事詩——が書かれた。北原白秋も、叙情詩をずっと書いてきた天才ですが、最後になって自分のことではなくて日本の歴史を書いたのです。ホメロス以来、詩人とは叙事詩を書くべき者なので、本来の詩人の仕事である叙事詩を書いて白秋は死んだということです。白秋の真の天才の所以《ゆえん》は「海道東征」なのです。

今までの白秋論では、「海道東征」は無視されていました。それどころか、「海道東征」

を書いたゆえにだめだとさえ言われてきた。しかし逆に、私は、「海道東征」を書いたからこそ白秋は残るのだと考えます。白秋は「海道東征」を書いたから天才だった、というふうに、全く評価が変わらなければいけない。そのぐらい、近代の詩人に対する評価が、これから変わらなければいけないのです。

信時のこの曲も、歌曲などの自己表現ではない。バッハが、イエス・キリストのマタイ伝をもとにして「マタイ受難曲」を作曲したことに倣って、信時潔は「海道東征」を書いたのです。

讃美歌と文部省唱歌という出発点

音楽において、日本がそれ以前の時代のものと訣別したのは、伊沢修二らが文部省の音楽取調掛になって推し進めた文部省唱歌によるのですが、そこで参照されたのは、基本的に讃美歌でした。あるいは讃美歌に近いもので、アメリカで歌われていたスティーブン・フォスター（一八二六―六四）の音楽とか、「オールド・ブラック・ジョー」だとかです。

文部省唱歌とは何か。みんなで揃って歌わせることで、日本人を「国民」にしようとする歌です。それまでの日本人は、銘々勝手にわらべ歌などを歌うばかりで、揃って歌うことはしませんでした。しかし、文部省唱歌を声を揃えて合唱することで、子供たちは国民になる。唱歌の大合唱によって、国民創生が行われていたわけです。伊沢修二は、娯楽として、あるいは芸術としての音楽をつくろうと思っていたわけではなく、「国民」をつくろうと思っていた。もちろん、他にも、国民をつくる回路には「国語」などもありますが、音楽もそれだった。そのためにアメリカに行って、ベースにしたのが教会の音楽、合唱して歌う讃美歌だったのです。

明治初期の世代の作曲家といえば滝廉太郎(一八七九―一九〇三)ですが、その次の世代として出てきたのが、信時潔(一八八七―一九六五)と山田耕筰(一八八六―一九六五)という二大音楽家です。山田耕筰は明治十九年生まれ、信時潔は一歳違いの明治二十年生まれです。信時潔は、父親が大阪北教会の初代牧師の吉岡弘毅でしたから、子供のときに讃美歌を聴いていますし、山田耕筰も親戚が牧師だったから讃美歌を聴いている。この二人はともにそういう讃美歌的な環境にいて感動し、音楽に目覚めました。

日本の音楽は、基本的に集団で何かやるというものではありませんでした。三味線とか琴を一人で弾くのであり、合奏ではない。

伊沢修二は、唱歌をつくり、「国民音楽」をつくったわけですが、たとえば、今、卒業式で歌われる「蛍の光」は、当初は自前でつくれなかったので、スコットランド民謡の曲を借りて、それに歌詞をつけて唱歌にしたものです。スコットランドやアイルランドの民謡など、ケルトの音楽は、なぜか日本人に合ったんです。何か他人の曲とは思えないところがあって、「蛍の光」は、日本の音楽として受け入れられた。

だから、これは単に外国のものを取り入れたのだとは言い切れない。日本人は別にイギリスの音楽とかフランスの音楽を取り入れたわけではなくて、なぜかスコットランドやアイルランドの民謡とか、アメリカのボストンの音楽とか、ケルト系の音楽が、短調を愛する日本人の感覚に合った。そこで日本人の詞を乗せて「蛍の光」にしたら、まさに日本の音楽になった。これが日本の近代文明です。これを、そんなのは日本ではない、琴の方が日本なんだ、と言い張るからおかしくなる。もう明治以降の日本はそうではない、やはり「蛍の光」が日本なんです。そういうかたちでは、かなり血肉化している。

「もののあはれ」を超えて

西洋音楽に対して、日本人は「もののあはれ」の民族だと言われてしまうと、終わってしまうんです。日本人とは何か、日本人のアイデンティティとは何かという問題が前提にあります。私は、もののあはれの民族とは思っていない。日本的な抒情的な寛容さとか優しさなどを最も嫌った内村鑑三の方が正統だと思っているわけです。でも日本人はもっと寛容でなければいけないという人からしたら、内村みたいなものはリゴリズム（厳格主義）の塊だとなるわけで、そこはどうしても食い違うところです。

亀井勝一郎が内村鑑三のことを「非寛容の精神」だと褒めた文章を今どう捉えるか。なぜ近代において内村鑑三はすごいか、非寛容だからだ。日本の宗教は、仏教を初めとして寛容過ぎる。日本のものは寛容過ぎて腐っていく。非寛容はすごく難しい、しかしそれを的確に運用したのが内村だ、と亀井は言います。もちろん、非寛容というのはいろいろな弊害を起こしますが、その非寛容をうまく運用したのだと。でも、非寛容が悪いということは言えない。むしろ日本人は、本当は寛容が悪いと言わなくてはいけない。寛容だって、運用を間違えたらめちゃくちゃなんだと。日本の組織というのは、大体それでずぶずぶになっている。

だから、日本の軸をどこに持つかというときに、音楽であれば、私はやはりこういう大編成の曲に日本人のアイデンティティーを求めるべきだと思っています。日本は日本でいいんだという人がいますが、それだと困ってしまう。

例えば、ベートーヴェンのシンフォニーがなぜ西洋近代かといいますと、さまざまな楽器があって、フルートを吹く人はフルートの音、ヴァイオリンを弾く人はヴァイオリンの音しか鳴らさないが、指揮者がいることで全体が統一される。それぞれ個人が個性を発揮していて、シンフォニーになっている。だから市民社会になっているわけです。日本人はもうばらばらにやっていて、個性がチームにならない。

日本人には、シンフォニーというのはわかりにくいでしょうね。先日の「海道東征」コンサートでも、ベートーヴェンの五番「運命」をやってから「海道東征」をやりましたが、「運命」の本当のすごさは日本人にはわからない。あれだけひとつひとつの部品が緊密にぴしっとできた音楽の美しさですね。言葉もなければ意味もない、純粋音楽です。音の秩序だけで美を感じるということ。これは日本人には難しい。

やはり日本人には、歌を歌わないと意味がわからない。だから、どうしても信時の作品のように声楽曲になってしまう。そして、信時潔のすごいところは、「交声曲」に踏みとどまったことです。山田耕筰などはもっと進んで、シンフォニーをつくっています。しかし、日本人がシンフォニーをつくってもやはりだめなのです。信時は、日本人にはシンフォニーをつくれない、純粋音楽はつくれない、イデーがわからないとよくわかっていた。やはり言葉を歌うこと、声楽曲をつくることで、日本人はわかる。紀元二六〇〇年のときの演目で、信時の「海道東征」の後に、山田耕筰の交響詩「神風」という作品をやった。しかし、「これは私にはつかみどころのない、調性の稀薄な黒い音の嵐そのものでがっかりした」と阪田寛夫さんが書いていますが、やはり難しい。日本人の作曲家の能力としてもそうだし、聞き手の日本人も、交響詩「神風」によって純粋音楽のイデーをわかるかというと、難しい。

そういう意味でも、この交声曲「海道東征」は、日本人が西洋の音楽を取り入れて、だけど日本語を乗せて歌わなければいけないという、本当に微妙なところで成り立っている音楽です。

血肉化された西洋音楽

信時は、日本人らしさを内発的に発展させせました。西洋近代と出会ったときに、交響曲まで行ってしまうことはよくない、しかし、西洋の交響曲などを学ばないで琴だけ弾いていてもしょうがない。信時は、日本人の内発的な感覚にしたがって、西洋の曲想に大和言葉を乗せました。歌い方にも、謡曲の歌い方、民謡的な歌い方、子供のわらべ歌、中世の歌謡の歌い方などを取り入れています。バリトンで謡《うたい》の「はーるーかー」という調子でやっているところもある。それがすごいわけです。ベートーヴェンのオーケストラに日本語を乗せたって、普通は乗るはずがない。しかし、それをやったのです。

信時の交声曲を聴いたときに、はっと思いました。私も一応クラシック音楽が好きでしたが、日本の作曲家は大したものはないだろうと思っていたし、実際に時々聴いても、大したものはないと、全然相手にしていなかった。西洋のクラシック音楽はたくさん聴いていたし、それについての評論をたくさん書いていました。けれども、その私の耳で、信時潔の「海道東征」を聴いたときに、すごいと思った。ああ、やはり日本人の作曲家のものはだめだな、とは思わなかったのです。これは初めてのことでした。

たとえば、黛敏郎さんは、リヒャルト・シュトラウスの「アルプス交響曲」に触発されて、富山の立山を描いた交響詩「立山」をつくりました。なかなかいいと言われてはいますが、途中で、いかにもつくってるなという感じがしてしまう。頑張ってるなというか。本当に内側から出ていない。

信時の弟子の諸井三郎さんは、中原中也などと知り合いの世代で、中原中也の詩で歌曲を書いていますが、彼は昭和十九年に「交響曲第三番」を書いて、CDにもなっています。これは、ブラームスなどと似たような、本格的な交響曲です。ただ、日本人がその交響曲で表現したもの、歌ったものはあるのかというと、諸井三郎は何を歌いたかったのかというのはないんです。大変な秀才ですから、もう立派な交響曲です。ただ、今で言えばブラームスとブルックナーをよく学んで卒業制作を書きました、ということです。音楽学校の学生の最高の秀才が、卒業制作として交響曲第三番を書いた。周りも、へえ、とうとう四十歳の日本人の作曲家が交響曲を書くようになったのかと驚いた。だからどうしたんだということであって、それは後進国の悲哀です。

でも、本当に血肉化したものもありました。文学で言えば、漱石や鷗外、国木田独歩があった。これからは、本当に血肉化したもの、血肉から表現しているものを評価し直さないといけない。例えば、戦後文学の作家にしても、本当に血肉化しているかどうか、評価し直してみなければわからない。

二十世紀最高の知性のポール・ヴァレリーが「発見は何ものでもない、困難は血肉化するにある」と言っています。困難なのは、二〇年、四〇年と生きて、どういうふうに血肉化するかなのだ、と。ポール・ヴァレリーは、二十歳で詩を書いて、四十五歳まで二〇年沈黙していた。四十五歳で再デビューするまでの二〇年は、血肉化の時間だった。ただ生きていたというわけです。特に日本では、血肉化した人が本当に少ない。新しい方を向いて、「飛びついていれば、幾らでも何かできてしまったわけですから。そういう意味で、この信時潔は血肉化するにふさわしい人柄でした。

2　信時潔とは何者か

信時潔の父・吉岡弘毅と内村鑑三

なぜ信時潔は、血肉化することができたのか。

信時潔の父親の吉岡弘毅（一八四七―一九三二）は岡山の津山の出身で、頼山陽の弟子だった人から教えを受けた陽明学者です。幕末には京都の公家に従って維新の志士になり、北陸戦争などに参加した人ですが、明治になっていろいろなことがあって、漢訳聖書を読んでキリスト者に転向する。内村とか新渡戸などよりもっと先輩の、非常に早い時期の、ほとんど侍クリスチャンの初代みたいな人です。そして、明治維新の後、中之島の大阪北教会ができると、初代牧師になります。今でも、ビルの谷間にあります。信時潔は、その三男に生まれました。

吉岡潔として生まれますが、大阪北教会に和歌山藩士で信時義政という熱心な信者がいて、十一歳のときにそこの養子に出た。それで信時という姓になりました。生後すぐに、父の吉岡弘毅が教会を転勤するので高知などいろいろと移って、明治二十年代の後半は京都にいた。明治二十七年、日清戦争のころは、京都の室町教会にいたんです。そのとき京都には、内村鑑三が国賊として批判されて、極貧のうちに暮らしていたので、吉岡弘毅が内村を助けるんです。内村と吉岡弘毅は、それ以来、死ぬまで東京で親友となります。そのとき、信時少年も内村と会っているのではないかというのが私の推測なんです。そういうことがあったので、私の信時潔に対する思いは、実はかなり深いんです。

私の『信時潔』を川本三郎さんが『毎日新聞』で書評したときに、新保祐司は「海ゆかば」の作曲家が内村鑑三と関係があったということに感動したに違いないと、私のことを見抜きました。内村鑑三との関係がなかったら、私は『信時潔』という一冊を書くほどまで熱中していない。

信時潔作曲の唱歌・校歌・社歌ほか

信時は、大阪の市岡中学（現・市岡高校）に第一期生として入学します。同級生には画家の小出楢重（一八八七―一九三一）がいました。小出楢重は絵が得意で東京美術学校へ、讃美歌などで惹かれて音楽が好きだった信時は東京音楽学校へ、つまり今の東京芸大に二人とも進学します。二人はずっと親友だったのですが、小出楢重は若くして死にます。信時は、そのまま芸大に残って勉強し、ベルリンに留学して、戻ってきて芸大の教師になった。それで、文部省唱歌の「一番星みつけた」とか「電車ごっこ」などをつくりました。晩年、信時は東京の国分寺に住んでいましたから、いま国分寺駅の発車メロディは信時潔の「電車ごっこ」です。「〽運転手は君だ、車掌は僕だ」という、あの曲です。

そういう仕事をするとともに、東京音楽学校ですから、皇太子の生誕奉祝といったときには儀典曲を作曲することがあったので、戦前のＳＰに信時は異例なほど録音されています。今は『ＳＰ音源復刻盤 信時潔作品集成』というＣＤが六枚組で出ています。岩波書店の「われら文化を」という社歌も、高村光太郎作詞で信時潔作曲です。岩波茂雄が信時に作曲を頼んだという。高村光太郎は「自分は歌う歌は得意でない。それに作曲家が信用できない。今までちゃんとした作曲をしてくれたのは信時潔さんただ一人、しかもそれが成功したのはただ一回『岩波書店の店歌』だけ」と語ったという。あと「日立製作所行進曲」とか「三菱の歌」といったものをつくっています。

「海ゆかば」も、日本放送協会が儀典曲として昭和十二年につくってラジオで流したものです。あと、昭和十六年には慶應義塾の塾歌をつくったほか、学習院の院歌とか、成蹊大学の校歌とか、開成高校の校歌とか、いろいろつくっています。もちろんピアノ曲などもつくっていて、当時としてはなかなか斬新なピアノ曲「木の葉集」などは、今も評価されています。他にも、「東北民謡集」など民謡を集めて研究したり、謡《うたい》の研究などもやっている。合唱曲にもいろいろ名曲があって、今でも歌われているのがありますが、戦争中は当然、「興亜奉公の歌」とか「僕等の団結」といったものもたくさんつくっています。

「海道東征」は、彼のこうした音楽研鑽の集大成として、ぱっと出たのです。

「やすくにの」「紀元二千六百年頌歌」「鎮魂頌」は不滅の傑作

信時はずっと「海ゆかば」の作曲家と言われていたので、戦後はどちらかというと不遇でしたが、昭和三十七年に文化功労者に選ばれました。そのときに、NHKの朝の番組に出て、アナウンサーが「信時さん、今までの作曲生活の中で何が一番印象に残ってますか」と聞いた。当然「海ゆかば」と言うのではないかと思ったら、『やすくにの』という曲です」と言って、ピアノで弾いて歌ってみせたといいます。これは面白いですね。

大江一二三という陸軍の軍人がいました。大江一二三は陸軍の大佐だった。この人の部下に、昭和十二年、日中戦争で早くに戦死した若者がいた。母思いの息子で、お母さん、お母さんとはがきに書いてあった。その葬儀が町で行われたときに、大江一二三は電報で和歌を送った。

「靖国の　宮に御霊は　鎮まるも　折々帰れ　母の夢路に」

これを信時さんは、ラジオでたまたま聞いて、それで——信時としては珍しいのですが——自発的に書いたのが、この「やすくにの」という曲なんです。これがまた、いい。ほとんど讃美歌なんですが。

「やすくにの」は、『SP音源復刻盤 信時潔作品集成』でしか聴けない。私も、初めてこのCDで聴けたんです。このCD全集が出たのが二〇〇八年ですが、文化庁芸術祭で大賞をとりました。信時潔の復活を印象づける受賞でした。

もう一つ信時に関係して言うと、紀元二六〇〇年のときにつくった「紀元二千六百年頌歌」という曲があります。「〽金鵄《きんし》輝く日本の」という、「紀元二千六百年」というみんな知っている歌もありますが、実は信時も「紀元二千六百年頌歌」という、すごくいい曲を作っています。作詞は風巻景次郎です。でも、これがあまりに深過ぎて、流行らなかった。それで、「愛国行進曲」みたいに、女給さんまでみんなが歌うような曲じゃないとまずいということで、政府がもう一度、一般に募集した。それが「紀元二千六百年」ですが、非常に軽薄な歌です。

桶谷秀昭さんは『昭和精神史』の中で、信時潔の荘重な「紀元二千六百年頌歌」が流行らずに、この軽薄でただリズミックな「紀元二千六百年」が流行ったということに、昭和のあの時代の大衆の精神の、ある意味の軽薄さがよく出ていると書いています。しかし、信時の「海道東征」も、紀元二六〇〇年のときの曲だと言うと、どうしても「ああ、あの

『〽金鶏輝く日本の』のような、時代に乗っかった曲でしょう」ととられてしまう。そうではなくて、「紀元二千六百年頌歌」をつくった信時潔の作品なんですよ、と。信時のものは、雄々しい、荘重な曲なんです。それをごっちゃにしてしまうんですね。戦前に対して、一緒くたにそういう見方をしてしまうのはよくないと思います。

他に、戦後の作曲なので『SP音源復刻盤 信時潔作品集成』には収められていませんが、折口信夫が作詞した「鎮魂頌」という曲があって、靖国神社のCDには入ってます。これもすごい。もう感動です。

戦後、靖国神社が鎮魂のための詩を、折口信夫に書いてもらったんです。折口信夫が養子にした折口春洋という男が、硫黄島で戦死します。それで折口はもうがたがたになってしまうわけですが、彼のことも頭にあって、折口は「鎮魂頌」というすばらしい詩を書きます。和歌じゃなくて、詩です。そして当時、雅楽の何とかという家があって、靖国神社がそこに頼んで「鎮魂頌」の曲をつくらせるんです。それはそこで一回演奏して、録音も残らないようなかたちで終わるのですが、昭和三十四年の靖国神社創立九〇周年のときに、その折口信夫の詩で改めて信時潔に作曲を頼むのです。それがすばらしいんですよ。CDでは團伊玖磨が指揮しています。

私はこの「やすくにの」と「鎮魂頌」と「紀元二千六百年頌歌」、この三曲は不滅の傑作だと思っています。「海道東征」の周辺の作品として、それらがいかにすごいかということをもっと広めてもいい。特に「鎮魂頌」は、本当にすばらしい。でも音楽がすばらしいというのは、文章で説明するのはなかなか難しい。ただ「すばらしい」で終わってしまうので。

北原白秋との数少ないが重要な作品

「海道東征」は、日本中央文化連盟の委嘱でつくられました。日本中央文化連盟は、内務官僚出身の松本学という人が当時の国策に従った文化運動のためにつくったもので、その日本中央文化連盟が奉祝のための音楽を北原白秋に頼んだようです。おそらく作曲は信時潔と決めていたと思います。白秋がつくるのが遅かったので、白秋が先につくって、信時はそれを見て半年ぐらいでつくりました。

白秋と信時にも関係はありましたが、当時、白秋と関係が深かったのは山田耕筰でした。北原白秋の「からたちの花」「ペチカ」「この道」などは全て山田耕筰の作曲で、その頃信時潔は白秋の詩には作曲していません。山田耕筰の方が白秋と一緒に仕事をしていて、特に子供向けの童謡の本などに山田耕筰も参加しましたが、信時にはそういうことはなかったんですね。信時潔は山田耕筰とほとんど同期で芸大を出ていますが、山田耕筰はすごく先走った男で、三菱から金をもらってすぐドイツに留学します。そして在野で活躍して、日本で最初のオーケストラをつくったりする。信時潔は大学に残りましたが、官学なので文部省唱歌はつくっていますが、北原白秋という私生活上であまり評判のよくない詩人の童謡に、アルバイトみたいにして曲をつくるというわけにはいかなかったと思います。「海道東征」は日本中央文化連盟が頼んだ仕事で、国家行事ですから、信時も書くことができた。

でも、信時と白秋の二人のすばらしいところは、白秋が死ぬ前に書いた「帰去来」という、実質的に最後の詩に、戦後、昭和二十三年に信時潔が曲をつけたことです。これがすばらしい。柳川に行くと、北原白秋の生家の近くの公園に石碑があって、「帰去来」が彫られています。碑の前に立つとセンサーで感知されて、「この曲は信時潔先生が作曲したものでございます」と、その歌が流れる。これはいい曲です。白秋の最後の詩に信時が曲をつけたというのは、この二人の芸術家に深い友情があったということです。

精神史的存在としての信時

このような仕事を遺した信時潔について、なぜ、私が『信時潔』を書かねばならなかったのか。音楽のことを大して知らないにもかかわらず、文芸評論家がなぜ信時潔を論じるという暴挙を行なったかというと、音楽評論家は実は書けないからなのです。信時潔というのは、明治初期の吉岡弘毅や小出楢重に連なる、精神史的存在なんです。今で言う音楽家ではない。思想とか歴史とかキリスト教という背景をこの人は持っているので、音楽評論家ではわからない。だから音楽評論家が信時潔の音楽を聴いただけでは、信時潔を論ずることはできない。「海道東征」などのCDを、CD批評の欄で音楽評論家が扱っていましたが、みんな手に余っているように感じました。情けないことです。昭和十五年のこの「海道東征」を、どういうふうに捉え、それにどう相対したらいいのかのスタンスがない。ベートーヴェンだとかモーツァルトだとかの作品を、時代も関係なくただ聴いて、曲がいいとか、演奏がいいとか書いているからです。

日本人は、西洋音楽を、単なる西洋かぶれで聴いている。正月、一月一日に一五〇万から二百万かけてウィーンフィルのニューイヤーコンサートを聴きに行く。あるいは、N響の演奏会でブラームスの四番をやる。聴きに来ているのは金持ちのインテリだけど、来ているくせに寝ています。行ったということを言いたいわけですが、響かないから寝ちゃうんでしょう。とにかくファッションです。音楽に血肉も何もない。

「海道東征」は、そういう意味で、本当に借り物ではない、稀な内発的な音楽だったと思うのです。「海道東征」コンサートの会場に来ているのは、ふだんクラシック音楽をあまり聴いていない人たちなんです。大阪で初演したときに、ベートーヴェンをやったら、第一楽章が終わったときに拍手しちゃう人もいた。そういう人たちが聴いて、「海道東征」に感動している。これはすごいことです。クラシック音楽で感動した経験のない、日本人として生きて、おそらく演歌などを聴いてきた人たちが、ただあそこに行って、何かわからないけれど音を聴いて、その耳の経験に響いた。信時潔の歌と曲は、ベートーヴェンみたいに違和感がなくて、日本の演歌とか唱歌とか童謡とかを聴いてきた耳にすっと入った。これはやはり、日本人のための音楽になっていたということだと思います。

ふだんカラオケで演歌を歌ったり、唱歌を歌ってきた人間の耳では、ブラームスの四番を聴いても寝てしまうでしょう。けれど「海道東征」は、そういう人たちがよかったと言っているわけです。確かに、「こういう戦前の曲が復活したのがいいことなんだ」と、頭で考えて聴いている人も一部にはいます。西洋音楽の経験のせいで、ほとんど日本人は音楽を観念的に捉えていて、本当に耳で聴いていない。でも庶民は、本当に耳で、全身で聴いている。高村光太郎は、足の裏から音楽を聴いた、と言いました。彼は、全身で聴くということを言いたかったんだと思います。そういう、日本人が全身で聴ける音楽が、果たしてあるのか。

道頓堀のモーツァルト

そういう中で、小林秀雄の『モオツァルト』は、稀なる聴き方をしたんです。小林秀雄はモーツァルトを普通に聴いたわけではない。サントリーホールとかウィーンのきれいなホールで聴いてよかったとかではなくて、道頓堀の場末を歩いているときに、頭の中でモーツァルトが、誰かが演奏したように鳴った、それを書いているんです。『モオツァルト』は異様な作品なんです。出発点は頭の中で鳴ったモーツァルトで、自分はそのときモーツァルトの全てがわかったんじゃないかと言う。そのとき摑んだものが、俺のモーツァルトだったに違いない、と。あとは、レコードを聴いて確認した。そういう聴き方ゆえに、小林さんの『モオツァルト』は血肉化している――ある意味では勝手なことを言ってる――ということになるわけです。小林秀雄の『モオツァルト』は、西洋人が読んでも感動しないと言われていますが、小林は、どうだ、西洋人のモーツァルトを、日本人の俺はこう聴いてやったぞ、と啖呵を切っているわけです。西洋文化に啖呵を切っている。それが、批評ということです。表面的な知識があるなんてことは関係ない。日本人の今までの感性があって、それで論じてみせる。近代の日本はそういうふうにやるしかなかったんでしょう。

吉田秀和さんは、『マタイ受難曲』はせいぜい一年に一回しか聴けないという。そこが吉田さんのいいところです。そこには主体の問題がある。『マタイ受難曲』をふだん聴いていますなんて言う人は、ＢＧＭとして聴いているわけです。ＢＧＭは、喫茶店で流れて、主体なく聴いていればいいわけですから。ＢＧＭでなくて聴くとなると、まさに主体は、もうくたくたになってしまうということです。

主体の「忍耐」を求める信時の作曲姿勢

信時潔は、当時から、稚拙だとか、先端的なものが全然ないとか、生意気な若手の作曲家から言われていました。信時さんはもう古い、バッハのことしか言わないが、自分たちはスクリャービンとかドビュッシーを取り入れている、と。ところが、それを取り入れた作品を信時先生のところに持っていくと、信時は基本的な和音に全部直してしまうという。信時は、西洋の作曲家であるドビュッシーは必然性があるからそれを書いているが、おまえには必然性がないだろう、必然性がないものを書いてはいけない、と言っている。これがすごいところです。

これはやはり聖書から来ているのですが、信時は「音楽は野の花の如く、衣裳をまとわずに、自然に、素直に、偽りのないことが中心となり、しかも健康さを保たなければならない。たとえその外形がいかに単純素朴であっても、音楽に心が開いているものであれば、誰の心にもいやみなく触れることができるものである。日本の作曲家で刺戟的な和声やオーケストレーション等の外形の新しさを真似たものは、西洋作曲家のような必然性がない故に、それの上を行くことはできない。自分は外形の新しさを、それがどうしても必要とするとき以外は用いない。外形はそれがいかに古い手法であってもよいと思う」と言っている。信時の信念は、見事です。

この信念を守るのは大変だったと思います。やはり信時は、お父さんの吉岡弘毅以来の、誠実であるということに対する信仰的な強さがあったと思います。それでなかったら、山田耕筰になってしまう。同世代の山田耕筰は、どんどん新しいことをやって、山田先生と言われているわけです。

「海道東征」がすごいのは、逆説的ですが、一部退屈になるところがあることです。信時はそれをわかっている。ある退屈さを感じさせるところがあるけれども、それで押し通す。神武東征を描くには、音楽としてずっと面白くやろうとしてはいけない、退屈さが伴うものなのだというのです。この物語は我慢して聴かなければいけないところがあるのだとして、単純明確をモットーとして、複雑煩瑣な和声進行は、努めてこれを避けた。時としては退屈とすれすれの危険を冒すときもあったかと思いますが、この曲の性質上、あえてそれを貫いた。それがこの曲と合ってるんです。神武東征は、ちょっと退屈でもとにかく聴くものだ、と。「カルメン」のように、面白いな、楽しいなというオペラではない。

そういうものであれば、それは全曲面白くなければいけない。でも、「カルメン」のように女と男の話じゃない、神武東征なんだから、と。

だから、聴く方にも忍耐という主体性を求めている。そうすると、本当にこの曲のよさがわかるわけです。もちろん、それは退屈ではありません。そのすれすれのところで、後に最後の楽章でがっと盛り上がるわけです。忍耐というのは非常に重要な言葉で、いま振り返って、「明治の精神」というものはいろいろありますが、キーワードの一つは忍耐です。今は、それがない。「忍び難きを忍び」で、忍耐を使い果たしてしまった。忍耐というのは、今ちょっと死語化しています。忍耐とは、本来ポジティブなものです。でも今はそれが、鬱とか悩みとか、悲しいとか不満とか、ネガティブで情緒的なものになってしまっている。

日本で戦後オーケストラに入った人は、海軍軍楽隊の出身が多いんですね。それはすごくうまかったらしい。なぜかといいますと、軍楽隊は失敗すると海に落とされてしまうんですって。だから、もう必死になって練習した。音楽学校でやってるなんてもんじゃない、すごくうまかったと、亡くなった指揮者の宇宿允人さんから聞いたことがあります。戦前の録音がすごいのは、昭和十六年の状況の中で弾いてますから。指揮者の木下保もそうです。だからこの『SP音源復刻盤 信時潔作品集成』に入っているのは名演なんです。

没後四十年、間に合った私の本

今、理想的人間像の転換をしなければいけないと思うんです。山田耕筰ではなくて信時潔だ、と。調子のいいインテリで新しいものを目指したやつではなくて、剛毅朴訥と言われた地味なオヤジがいいんだというふうに、日本人は評価を変えなければだめだということです。

私の『異形の明治』では、明治初年は「異形」だったと書きましたが、明治二十年（一八八七年）生まれの信時潔も、明治初年的異形と言うべき男だったと書いています。信時は、まさにその明治初年的な異形の精神だから、「海道東征」を書くことができた。その後の橋本國彦などは、明治初年的異形のない、大正時代の教養を受けたインテリなんです。そういう人は西洋音楽をもっと吸収していますが、逆に、今は残っていない。なぜか信時のような明治初年的異形を強く持っている人が、何か変に深い音楽、芸術を残しているというところが日本の面白いところです。

山田耕筰と信時潔の対照的な写真があって、山田耕筰の写真は、洋風の家でダブルの背広を着て、ピアノにこう肘をついている。一方、私の『信時潔』の装丁にも使った写真（本書第I章扉参照）では、信時潔は袖から下着が出てしまっている。これは、若いときの田沼武能氏が撮ったものですが、何の変哲もないピアノがあって、裸電球なんです。この写真は、最高の写真です。とてもベートーヴェンをやった人とは思えない。西洋音楽の人とは思えないですね。

信時潔は熊谷守一と親友でしたが、熊谷守一的な精神と信時のそれとは似ている。熊谷守一は東京美術学校に行って西洋美術を学びましたが、ああいう独特の画風です。信時も西洋音楽を学んで、やはり日本人のクラシックをつくった。二人のスタンスは似ていて、超俗的で世間的名声など全く求めない。熊谷は信時の七歳年上で、すごく仲がよかったんです。信時の娘と熊谷守一の息子が結婚して、親戚になった。毎週、学校の帰りは熊谷の家に行って熊谷としゃべっていた。

私の『信時潔』の出版は二〇〇五年、彼の没後四〇年の年でした。普通は没後五〇年が区切りですが、その本の「あとがき」にも書いたように、あと一〇年たったら信時がもう忘れられるなと思ったんです。だから没後四〇年のいま書いておかないとだめだ、といって、夏暑いなかで、これを書き下ろしで書きました。そういう意味では、間に合ったんです。自分のことを言っては恐縮ですが、あの私の本がなければ信時は忘れられていました。没後四〇年でくさびを打ったから間に合った。

「海道東征」をめぐる阪田寛夫、久世光彦

阪田寛夫さんが「海道東征」について書かれています。阪田さんは、「椰子の実」の作曲家、大中寅二の親戚ですが、クラシックが好きで、昭和十五年、中学生のときに大阪で「海道東征」を生まで聴いてるんです。それ以来、「海道東征」が大好きだった。それで、東大を出て朝日放送に入って、昭和三十四年にラジオの正月番組で「海道東征」をやったんです。それは公開演奏ではなくて、ラジオで流した。信時は昭和三十四年、死ぬ三年前にその放送を聴くことができた。信時は、リハーサルも聴いていますが、日記に「『海道東征』は今後も残ると思ふ。それは年来の信念だが今日の通演で、それが少しも動揺しなかつたことは満足だ」と書いた。

そういう関係があって、阪田さんには『海道東征』というすばらしい作品があります。川端康成文学賞を受賞して、いま講談社文芸文庫に入ってます。私も何回もそれを引用し

てます。紀尾井ホールで初めて阪田さんとお会いしたとき、「感動しました、涙が出ました」と言っていました。そのとき会っただけで、亡くなってしまった。

坂田さんは、ラジオ局のプロデューサーから作家になった方ですが、本当に謙虚ですばらしい作家でした。『信時潔』の「あとがき」のゲラを見ているときに亡くなったので、そこに追記を書いたんです。

TBSのテレビプロデューサーで作家だった久世光彦さんも、もう亡くなりましたが、「海ゆかば」が大好きで、テレビでよく使っていました。彼は、終戦の場面で「海ゆかば」をかけたかったのだけど、全曲はかけられなかったんです。私が『信時潔』を出したときに、突然、家に電話をいただきました。「信時潔についての本、出したんだね。よく出したな」と。それで、週刊誌などでも紹介してくれました。

その後、学士会館での松本健一さんのたしか毎日出版文化賞の受賞を祝う会に行ったら、久世さんも来たんです。君が来ると思って来た、と言うんです。で、お会いしたら、私を著者の息子かと思ったような感じでした。いかにも「信時潔と『海ゆかば』だ」という世代の人物を期待していたので、息子が代理で来たのかな、と。久世さんは、戦前に「海ゆかば」を聴いていたすごい歳の作者が、埋もれているのはけしからん、と『信時潔』を書いた、と何となく思っていたんですね。「あとがき」を見れば私のことはわかるんですが。それに、私が外見より少し若く見える方なんで、会ったら「あれ？」という顔をされた。何だ、おまえみたいなやつか、という感じでした。

たしかに普通は、こんな本を五十歳で書かないんです。でも、逆にその年齢だったから信時を書けて、そして読まれたとも言える。やはり、戦争を知っている古い人が信時を書いたら、いかにも「くさい」信時になったでしょう。古くさい信時讃歌、「海ゆかば」讃歌は既にあったのですが、それは思い出話であって、批評ではない。私の『信時潔』は、そういうにおいを消した信時だったので読まれたと思います。今は、批評が必要だったんです。今の人が抵抗感なく読める批評としての信時論が必要だったんです。

民族的天才による民族表現

それにしても、明治二十年生まれの信時に、どうしてこういう音楽がつくれたのか。フォスターの音楽とか、「庭の千草」ぐらいしか歌っていなかったのに、本当に不思議です。信時は、「沙羅」など、いい歌曲もたくさんつくっています。嚙めば嚙むほど味が出る。

「海道東征」は、「〽遼《はる》かなり」とか、初めて聴いた人が歌えてしまう。聴いて覚えて二回目から歌うのではない。何か、もともと鳴っていたものが明確化されただけなんです。そういう原初性がある。

「海ゆかば」も、新しくつくられた曲という感じではなくて、日本人の聴覚の記憶の中に昔からあるものを信時が明確化したという感じです。「海ゆかば」は、別に政府が歌えと言ったからみんな歌ったのではありません。そういうふうに言いたがる向きもありますが、あれは、みんな自分から歌ったんです。死者を見たときに、追悼の曲として、レクイエム（鎮魂歌）として、自然に出た。

『信時潔』に書いたように、小津安二郎が昭和十七年の映画「父ありき」の最後に「海ゆかば」を流した。笠智衆が演じた父の遺骨を網棚に乗せて、息子役の佐野周二が故郷に帰るシーンで、「海ゆかば」を使ったんです。それは、我々が見ているビデオには入っていません。戦後、そこが削除されたからです。あと、内田吐夢が中国に八年間いて戻ってきたときに、第一作として小津などの友人がつくらせた「血槍富士」で、片岡千恵蔵が演じる槍持ちが戦って主君の仇をとって、主君の遺骨を持って故郷に帰るときに、「海ゆかば」がかかります。内田吐夢は時代劇で「海ゆかば」をかけた。小津安二郎と内田吐夢という天才が、そういうシーンで「海ゆかば」をかけた。日本人の鎮魂曲はそれしかないんです。

信時という人間は、個人的天才じゃなくて民族的天才だと思います。彼の作曲には、単なる自己表現ではないものがあったのでしょう。信時は、民族の、民衆の深いものを代弁してしまうというか、そういうものの媒体になってしまう。信時の音楽は自己表現ではないのです。

だから信時には、古代の「海道東征」が合っていた。実際、近代的なオペラなどはつくれなかったでしょう。「フィガロの結婚」なども観たでしょうが、自分ではそういうものはつくれなかった。ヴァーグナーをすごく尊敬して、影響を受けていて、「ニーベルングの指輪」などゲルマン神話を元にした作品にすごく感動している。死ぬ前には『古事記』に曲をつけていたと言いますから、民族の歴史とか神話とかに曲をつけるタイプだった。そのようなことには興味があったけれど、オペラをつくろうとは思わなかった。

今年（二〇一八年）二月二日の大阪での「海道東征」コンサートでは、モーツァルトの交響曲第四十一番「ジュピター」が演奏されます。「ジュピター」は、ギリシア的なヨーロッパの完璧な権化なんです。その後に、信時の「海道東征」をやる。だから、日本とは何かということを感じるはずです。モーツァルトの音楽といかに違うものをつくったかということが際立つと思う。西洋と日本人がどういうふうにつき合い、どういうふうに決別するかということです。我々はモーツァルトと完璧に合一はできないわけですから。それは近代日本の宿命です。「ジュピター」に一〇〇パーセント感動するというわけに絶対にいかない。そのときに信時の「海道東征」を、日本の音楽としてどう受け止めるのか。戦後知識人のように、西洋の知性を基軸にして考えられた時代は、完全に終わりました。今のヨーロッパの状況を見たら、もう完璧に衰退期ですから。だからこそ非常に難しい。

3 「海道東征」の封印と復活

戦後における「音楽の封印」と知識人

「海道東征」が生まれた当時の官立の東京音楽学校は、今の東京藝術大学が国立である以上に、はるかに音楽のために「国」がつくっている学校です。その東京音楽学校の持ち歌として全四十九回やったと言われていて、戦前は朝鮮半島に至るまで演奏旅行をして回って、学生が一番歌った曲のようです。特に「海ゆかば」「海道東征」を歌ったと、当時学生だった人が思い出に書いていますす。それまで学生はベートーヴェン、バッハを歌っていた。それが、やっと昭和十五年に、自分たちの日本人の先生がつくったオリジナルを、学生自身が歌える時代になった。これはすごいことです。戦後それが封印されたということとは、戦前と戦後の断絶の典型的な例といっていいと思います。

出光興産が単独広告をしている「題名のない音楽会」という、『ギネスブック』に載っている長寿番組がありますが、黛敏郎が司会をしているころに、「海道東征」の抜粋演奏をやったというのが、テレビ放送での唯一の演奏です。それは、黛敏郎さんという意味でユニークな作曲家だから実現したわけです。あとは、先ほど言いましたが、阪田寛夫さんがラジオ放送で演奏を企画しました。ほかに、いくつかの合唱団などが演奏会をやったという記録があるくらい。何よりも「封印」されていたということを示すのは、「持ち歌」のようにしていた東京音楽学校の後身である東京藝術大学が、戦後七十年の十一月の演奏会まで一回もやったことがないことです。

阪田さんの場合は中学生のときから信時さんを尊敬していたので実現させたもので、あまりイデオロギー性はありませんが、黛さんの場合は、戦後の文化状況に対するはっきりした異議申し立てとして、あえてあの番組で取り上げたという側面は強いですね。

戦後、GHQによって数多くの本が封印されました。本の場合は思想がはっきり書いてあるので封印されたのでしょうが、それと同じように、音楽も封印されたのです。交声曲「海道東征」とか「海ゆかば」の場合は曲そのものが封印されましたし、たとえば「蛍の光」

は、歌詞が四番まであるのに、二番までにされた。江藤淳さんの『閉された言語空間――占領軍の検閲と戦後日本』ではありませんが、戦後、GHQであれそれに追従した日本人であれ、そういうことは音楽の方でもたくさん行われたわけです。封印に手を貸すことによって、括弧つきの「文化人」として戦後を生きた人がずっといたのです。

「海道東征」復活は、時代転換の支点になる

中村光夫が、明治の知識人の長田秋濤を「贋の偶像」という戯曲に書いています。その意味での「贋の偶像」が戦後もいました。ニーチェが『偶像の黄昏』を書きましたが、私は、いま日本で起きているのは「贋の偶像」の黄昏だと思います。やっとそこに至って、本物の文化をつくっているのは誰なのかということがいま問われてきている。本当の文化人はどちらなのか、という価値の転換、評価の転換がなされている、ある意味では非常に厳しい時代ではないでしょうか。

先ほど、山田耕筰ではなくて信時潔だと言いましたが、文学でいえば、漱石ではなくて、もう一度、鷗外ではないか。三島由紀夫が言っているように、戦前は鷗外だったんです。

日本の高級な人たちにとっては、鷗外の文体こそが格調の高い文体であって、漱石のあんな文章は庶民のものだ、と。三島などは絶対的に鷗外であるわけです。千円札を漱石にしたことで、文学の世界はもう漱石の一人勝ちになってしまった。一般の人は漱石しか知らないから漱石を教えるといって、教科書でも漱石の『こころ』が定番化していく。やはり戦後民主主義に合ったタイプの文化人で、庶民性があって、あまりイデオロギー性がない。だけど私は、例えば明治のことを振り返るならば国木田独歩だろう、文化の正統性といったら鷗外だろうと思います。

私がやっている内村鑑三でも、非戦論を唱えた内村鑑三、不敬事件を起こした内村鑑三は、戦争批判、あるいは天皇制批判だったということで、それがいいんだ、とされる。内村の信仰と切れたところで、反戦や天皇制批判と一緒にされてしまっている。しかし、内村鑑三の不敬事件というのはそんなものじゃないし、彼の非戦論も信仰に基づいたものであって、反戦運動とは違う。けれども、戦後の反戦運動だとか天皇制批判の中で、内村鑑三はすごいとされ、偶像化されてきた。私は『内村鑑三』を一九九〇年に出して、そうではない内村を論じてきたわけです。そういう意味で、戦後的な評価は変わっていかなければいけない。

変えていくためには、何か具体的なものが要ります。アルキメデスが「我に支点を与えよ、その支点があれば地球を動かさん」と言ったといいますが、何か支点がないと、戦後のこの閉ざされた空間は変わらない。そして、ちょうどこの「海道東征」は、テーマから言っても何から言っても支点になり得るのです。これを支点として復活させることは、大げさに言えば、戦後の言論空間をひっくり返すパワーを持っているということに私は気がついたんです。

これを忘れていた日本に復活させたら、戦後は変わる。まず何より、テーマが神武東征ですが、みんな神話など無視してきた。北原白秋についても、童話がすごいとか、感性の、感覚の詩人などといって、「海道東征」という畢生の大作を無視してきた。信時潔は、戦前に第二の国歌と言われ、「君が代」以上に歌われた、日本人の鎮魂歌としてしみ込んだ「海ゆかば」という曲をつくった男で、その信時がつくった畢生の大作が「海道東征」だった。それだけ条件が揃った、戦後の言論空間を爆破させるだけのパワーを秘めた曲が、封印されていた。今、その封印が解かれて、演奏会がされてきているわけです。

叙事詩を書くということ

日本人は、西洋近代と出会ってから明治以降、近代化をしてきましたが、近代人の最高の達成とは何かというと、近代人として完成することではなくて、「近代を超える」というパラドックスなんです。

ヨーロッパと出会い、ランボーと出会った小林秀雄は、最後には、近代を超えて『本居宣長』を書きました。白秋の場合も同じです。近代詩とは何かというと叙情詩となるわけですが、北原白秋という、近代詩における最高の言葉の天才が、最後に達したのが、近代詩人がほとんど書かなかった叙事詩を書くことだった。近代詩を超えたというところが北原白秋の偉大な点です。たとえば中原中也とか三好達治は、叙情詩人として終わっている。しかし、北原白秋は叙情詩人としても最高ですが、パラドックスということで言えば、最高の達成として近代詩人をやめた。ホメロスがギリシア人の叙事詩としての『イリアス』『オデュッセイア』を書いたように、北原白秋は神武天皇の叙事詩「海道東征」を書くことで、日本人の『イリアス』を書いたのです。

偶然ですが、北原白秋はこのとき目がほとんど見えませんでした。ホメロスは盲目の詩人です。あるいは、オシアンというスコットランドの伝説上の叙事詩人も盲目だったと言われています。叙事詩というのは民族の記憶を書くことなので、もしかすると、記憶の人というのは盲目の方がいいかもしれない。盲目の中で、記憶は蓄積される。

北原白秋が晩年、白内障とか糖尿病でほとんど目が見えない状態で、家族に大きな紙に字を書いてもらって『古事記』とか『日本書紀』とか『万葉集』を記憶の中によみがえらせながら神武東征を書いたというのは、これは偶然かもしれないけれど、偶然ではないかもしれない。叙事詩を書くために、白秋はそういう状況に追い込まれていったのではないか。そのぐらい宿命的な詩として、「海道東征」がある。

私も詩がそこまでわかっていないので、ホメロスの『イリアス』と比べるのはちょっと褒め過ぎかもしれません。しかし、いずれにせよ、北原白秋が叙事詩を書いたということは、近代の日本人は最終的に近代を超えなければいけないというパラドックスを、彼は最後になしとげたということなのです。

精神史的意味をもつ唯一の曲

信時潔も、もちろん西洋音楽のハイドンやバッハなどのスタイルを学んでいますが、それを超えるものとして交声曲（カンタータ）という形式で「海道東征」を書きました。だからこそ、今に残っている。

亡くなった秋山邦晴という音楽評論家が書いた大作で、『昭和の作曲家たち――太平洋戦争と音楽』という分厚い本があります。これを読むと、本当に哀しい。昭和の作曲家として、当時の秀才、俊才の名前が何十人も出てきます。しかし、今ほとんど誰も残っていない。あれだけ優秀な人たちが、あれだけの曲を書いても、日本人の心に残る音楽をつくっていない。ただ西洋の最先端の音楽を、音楽学校の秀才が勉強してつくっている。心と全然つながってないんです。そういう曲を一生懸命つくったということが、この人はこうだった、ああだったと出てくる本なのですが、読後感は何とも言えない嫌なものです。

もちろん戦争中も、いろいろと新しい作風の曲が作られています。日本はナチスのゲッベルスみたいな奴がいなかったので、意外にも、あまり文化統制をしていない。音楽でも、西洋的なものをつくることはできました。ある意味では、日本人はずぶずぶで、何か抜けていて、昭和の初期でも結構変なものを、どんどんつくることができた。けれども、それらは今となっては残っていない。その中で、信時潔の「海道東征」は、私から言えば唯一、西洋音楽を血肉化して日本人の魂を歌うことができた。西洋音楽を血肉化した音楽としては、ほとんど唯一のものだということがこの秋山さんの本を読むとわかる。そういう意味で、非常に貴重な曲であると思います。

でも、長い目で見ると、唯一でいいのではないかと思うのです。例えばキリスト教だって、明治以来、日本人にとって血肉化していない、外来宗教として終わってるじゃないか、といわれますが、私から言えば、内村鑑三という血肉化した人間が唯一人出ただけでいいんです。徳富蘇峰が何と言っているか。「クリストを本当に見たものは日本では内村一人といっても差支えないのじゃないか」と言っている。一人出ればいいのであって、たくさん出る必要はない。

実際ヨーロッパでも、ただキリスト教が文化になっただけであって、キリスト教の信仰などなかったわけです。極論すれば、パウロと、アウグスティヌスと、カルヴァンと、ルターと、カール・バルトが出ればいい。二百年か五百年に一人出ているじゃないかと。それと同じように、日本も明治からの百五十年で一人出た、それで大したものだと言えます。音楽でも、西洋音楽と出会った中で、うれしいことに信時潔という男が一人出た。先ほど言ったあのような経歴を持った人間だから出た、と。

信時潔は、明治初年的な精神を持った人間だったから、西洋を血肉化できました。後の、明治初年的な精神を持っていない世代から出た昭和の作曲家たちの多くは、表面的に西洋を受け入れる曲をつくって、今となっては残っていない。それには暗澹たる思いになりますが、逆に、近代の日本において本当の意味の文化を残せた人間は実に少ないのだということです。文化史のレベルであれば、こういう人がこういうものをつくったということでいいのですが、あえて精神史として考えると、本当に血肉化して精神史の名に値するものをつくった日本人は少ない。

文学でも、文化史のレベルで言えば、いろいろな作家のいろいろな作風があって、それなりににぎわっています。しかし、例えば文学に対して中村光夫さんみたいな本質的な要求をすると、二葉亭四迷が西洋文学を血肉化しようとしたが、果たせず、それで文学を捨てて死んでしまった、ということになる。

ですから、文化に対してどういう要求を持っているかが問題になります。文化を「味わうもの」として捉えれば、いろいろな文学作品や音楽を味わって、それでいいじゃないかということになりますが、精神史的に、日本人の生きるべき軸を要求すると、もっと厳しい、高いレベルが求められる。そうすると残る人は少ない。ただ、幸福なことに、近代日本では、西洋音楽の影響を露骨に受けた中で、信時潔という人間が出たのです。

アンソロジー『「海ゆかば」の昭和』

私は戦後生まれで、クラシック音楽のファンでしたし、音楽の世界に近いところにいたにもかかわらず、四十幾つまで「海道東征」の「か」の字も知りませんでした。考えてみれば非常に不思議なことで、今でこそ「海ゆかば」、「海ゆかば」と言っていますが、恐らく若い世代は、いまだに「海ゆかば」を知らないでしょう。この断絶は何なのか。戦前は全員知っていて、「君が代」以上に歌っていた曲を、今の二十代、三十代にアンケートをとれば千人に一人しか知らない。しかし、あの曲を聴いた人は心を打たれる。戦争中に歌われていたという記憶があるので、どうしても躊躇してしまいますが、聴けば本当にいいんです。

私は『信時潔』を出した後に、『「海ゆかば」の昭和』というアンソロジーを出して、五十数人に「海ゆかば」の思い出を書いてもらいました。過去に書かれたものの再録もありますが、いいエッセイがたくさんあって、本当にすばらしいものです。

あるとき、フランス文学者の冨永明夫さんのエッセイが、ある人から私に送られてきたんです。二〇〇四年に書かれたものでしたが、それを読んで、こういうエッセイがあるならアンソロジーをつくりたいなと思ったんです。中央公論社の『世界の文学』の第一回配本が池田健太郎東大助教授の訳した『罪と罰』でしたが、第二回のスタンダール『赤と黒』を訳したのが同じく東大の教師であった冨永明夫さんでした。そういうすごく若い人たちに訳させるシリーズだったのです。スタンダールはモーツァルトの音楽が大好きなんですが、冨永さんもすごく音楽が好きで、スタンダールの有名な『ハイドン、モーツァルト、メタスタージオ伝』を訳しています。モーツァルトについても大変造詣の深い冨永さんが、何と「海ゆかば」を書いたのがそのエッセイだったのです。

このエッセイは何だ、と思って読んだら、すばらしい。冨永さんは昭和七年生まれで、昭和二十年代後半のあるとき、東大の本郷のキャンパスを歩いていて、ある建物のところに来たら、上の方の窓辺に学生が現れて「海ゆかば」を歌った。そして歌い終わったら、ぱっと室内の奥へ戻っていった、と。彼は、おそらく戦争から戻ってきて東大に復学した。そのときに、何か大変重いものをそこで歌った。それを歌い終わって戻っていった、そういうシーンが描かれている。「海ゆかば」がいかに重いものを込めた曲であったかということを、そこで語っているんですね。その東大生は、「海ゆかば」をそこで吐き出して、そして戦後の社会に入っていった。そういうことを象徴して書かれたものです。

『「海ゆかば」の昭和』では、中曽根元総理と西部邁さんに対談してもらいましたが、中曽根さんは海軍中尉だったので、「海ゆかば」はよく知っている、すばらしい、と。でもあの教養人の中曽根さんですら、詞が大伴家持から来ているのは知っていたけれども、作曲家の名前は知らなかった、と言っていました。でも、曲としては、いつも歌っていたということです。

他にも、久世光彦さんとか松本健一さんといった人たちが、いい「海ゆかば」論を書いています。

「美と義」をめぐって

この本では、私は編者として、「海ゆかば」は「義」の音楽だ、ということを書きました。それは、叙事詩である交声曲「海道東征」とも通じることです。普通、文化を「味わっている」人たちは、美を味わっている。音楽も、「美」を味わうものだと言われている。けれども、稀にすごい人間が、「義」の音楽を書く。

ここで言う「美」と「義」とは何か。内村鑑三に有名な「美と義」という講演がありますす。人間にとって最も重要な二つの価値、それは美と義である。ギリシア人は美の民であったが、それに対してヘブライ、ユダヤは義の民であった。もちろん両方大事であるが、どちらを重んじるかによって、その民族、あるいはそれを選ぶ個人の性格が決まる、ということを言っているんです。ヨーロッパでも、ドイツとかイギリス、スカンジナビアの人は義を重んじるが、南ヨーロッパは美の民である。カトリックの国は美の民であって、プロテスタントの国は大体義の民だ、と。いま、EUの不良債権国は南の国、すなわち美の民です。イタリア、ポルトガル、などは全部、もうやる気がない。

内村は、では日本人はどうか、と問います。日本人もまた、美の民である。日本美術史を見れば、日本人は美に対してすばらしい感性を持っている。それは白秋も持っていたでしょう。けれども、日本人の中に時々、義の人たちが出る。日本の歴史を変えてきたのは、そういう人たちなのだ、と。例えば明治維新は、西郷隆盛とか吉田松陰とか、美など関係ない、誠や義を言う人間たちが強烈に出ていった。それによって、美の民族である日本人にはユダヤ的なところがある。和辻哲郎以来、奈良はギリシアに似ていると言われ、日本人も美の民でギリシアに似ているのですが、日本人の中に稀にユダヤ人的な、義を重んじる人間が出てくる、そこがいいのだ、と。

義というのは、義としか言い得ないものです。仁義でもなければ、義務でもないし、正義ともまた違う。そうした、義というものの感覚が失われています。日本人は美の民族だが、時々義の人間が出る、という精神史観はすごい。そう思わないと、希望がない。

例えば、富岡鉄斎（一八三七―一九二四）は義の画家なんです。彼は美を描いてない。人間にとって義とは何かを描こうと思って描いている。画家といえば美だろうというのでは、だめなんです。画家の中に義の画家が出るというパラドックスがわからなければ、文化史を書くだけで終わってしまう。精神史をわかる人間は、義の画家というパラドックスが成り立つことのすごさが見える。北原白秋も美の詩人ですが、最後に「海道東征」で義の詩を書いた。これはすごいことです。

信時潔の「海ゆかば」も、決して美しくはない。よく聴くと、決して美の音楽ではないんです。けれども、義の音楽として心を打つというパラドックスになっている。歌詞だって相聞歌でも何でもなく、全然美しくない。『万葉集』を美の歌集として捉えるならば、おそらく大伴氏の言立なんて嫌だと思われるでしょう。「海ゆかば水漬く屍　山行かば草生す屍　大君の辺にこそ死なめ　かへりみはせじ」など、『万葉集』の歌としては美しくも麗しくもない。決意を語っているわけですから。信時潔はそれに曲をつけたのですから、あれは、決して美の音楽じゃない。けれども、奇跡的に美しい。平板な美しさを超えた美しさがある。義の美しさが、最も美しいんです。

内村鑑三が言ったように、レンブラントの絵は美しくはない。しかし最高に美しい。義は、いわゆる美を超えた美しさを持つ。そういう意味で「海ゆかば」は義の音楽なんですが、「海道東征」もまさに叙事詩の音楽であって、日本人の歴史を語っている。人間の心を歌っている音楽ではなく、初代の天皇が即位した「神武東征」の歴史を語っている音楽なんです。これは本来、麗しくはないんです。けれども本当に心を打つというところが稀なるところなのです。

だから、音楽は美しいものだとか、詩というのは美しく感動させなければならないといった、括弧つきの「文化」史の範囲にとどまっている人は、「海ゆかば」や「海道東征」をわからないと思います。美に閉じこもっている人は、義に行かない。義に行かないと本当は美がわからないんです。ただ、そこで戦前の義というものを取り上げようとすると、ある意味で歪んでいたということにされてしまう。

「義」の作曲家、信時

信時潔は、もう存在が義なんです。顔もスタイルも、全然美しくない。けれども、これは義の男の顔であり、義の男のスタイルなんです。心の中の義しか考えてない。富岡鉄斎の写真を見てもそうです。そういう日本人の義の芸術の系譜がちゃんとある。けれども一般的には、日本人は美の世界だということで、美意識の問題としてしか論じない。富岡鉄斎は文人画家だなどと言って、外しておく。そういう日本人の文化史が問題なのです。

昔、「国学」というものがありました。国学は、『万葉集』であり『古事記』であり、言葉であり、いわゆる精神史です。ところが明治になって、国学は危ないということで「国文学」になった。重要な精神史的なものを落として、安全な国文学で『源氏物語』だの『万葉集』だのを学べばいいじゃないか、と。けれども、国文学の観点で『万葉集』を捉えると、賀茂真淵などの国学者が捉えた『万葉集』は落ちてしまう。賀茂真淵が国学として『万葉集』を再発見した『万葉考』では、「海ゆかば」という大伴氏の言立が大きく取り上げられたわけですが、明治以降、特に戦後の国文学では大伴氏の言立は論じない。昨年、大伴家持生誕一三〇〇年ということで出された大伴家持に関係した本では、大伴家持の「海ゆかば」が入った長歌「陸奥国に金を出だしし詔書を賀びし歌」が採り上げられていませんでした。これは大伴家持最大の長歌で、陸奥の国に黄金が出たのを喜ぶ歌です。三十二ぐらいのときに高岡で大伴家持が力を入れた作品です。それが採り上げられていない。それは、これに「海ゆかば」が入っているからなんです。異様な、変態的状態です。どちらが変態かといえば、今が変態なんです。これは、やはり重要な問題だと思います。

富岡鉄斎は、俺は画家じゃない、学者なんだ、だからまず賛から読んでくれ、と言いました。俺は人間とはどういうものであるべきかということを賛に書いている、そう思って見ろ、と言っている。しかし今、多くの人は、鉄斎の賛を読まない。あるいは、漢文だから読めない。そして、富岡鉄斎の絵を見て、色がきれいだとか言っている。国学が国文学になったように、富岡鉄斎の絵を見るときに、賛を読まないで絵を見る。戦後的な、非常に小さく貧しい脳みそにさせられている。小さいくせに、やたらと西洋のことだけ勉強して知っている脳みそです。しかし、そこに重要なものはない。そういうことに気づかされます。

信時潔は、バッハにずっとこだわりました。バッハの音楽はもともと宗教と一体でした。それがベートーヴェンになって宗教と切れて、例えばバッハの「マタイ受難曲」が、ベートーヴェンの「第九」になってしまった。「第九」なんて、ベートーヴェンの中でもどちらかというとつまらない曲なんです。そうやって、いわゆる芸術としての音楽になっていき、シューマンやウェーバーとかのロマン派がそれを学んでいった。信時潔はそれに気がついて、宗教と音楽が一体化していたバッハに、ずっとこだわっている。だから彼の「海ゆかば」は、一種のバッハなんです。バッハの宗教曲を学んだ、コラールとしての「海ゆかば」です。信時は、そういうものに踏みとどまった。さきほど言った昭和の作曲家たちは、(セルゲイ・)プロコフィエフだとか(ドミートリイ・)ショスタコーヴィチだとか、宗教と音楽が切れたところでの音楽芸術、音楽美学をどんどん学んで、ただ取り入れていく。それによって、括弧つきの「音楽」をつくった。でも、いま必要なのは、括弧つきの「音楽」ではなくて、宗教と合体していたときの本来の音楽であり、日本人の精神と合体していたときの文学です。

そういう意味では、信時潔は恐るべき凡人です。だから「海道東征」は心にどしんと響く。美しい音楽でも、華麗な音楽でもない。先ほど言ったように、退屈すれすれだけど、内容的にそれをあえてやったと自分でも言っているわけです。

日本にとって紀元二六〇〇年というのは大事業でした。東京オリンピックがだめになり、万博もだめになって、昭和十五年に紀元二六〇〇年をやるしかなかったんです。そこで紀元二六〇〇年のときには、日本政府はお金をたくさん出して、外国の作曲家にも奉祝曲を依頼しました。フランスの（ジャック・）イベール、ドイツのリヒャルト・シュトラウス、イギリスの（ベンジャミン・）ブリテンなどに頼んでいます。ブリテンはキリスト教色が強過ぎて演奏されませんでしたが、ほかの曲は全部演奏されました。リヒャルト・シュトラウスの「日本の皇紀二千六百年に寄せる祝典曲」は、以前NHKのEテレで演奏されました。NHKがひどいのは、信時潔の曲はやらないで、リヒャルト・シュトラウスの紀元二六〇〇年の曲はやった。それは、指揮者がそれをやりたいと言ったからでしょう。

リヒャルト・シュトラウスは大管弦楽による華麗なオーケストラで曲をつくっている。でも、日本の「義」を全くわかってない。私は改めて聴きましたが、リヒャルト・シュトラウスのものはまったく駄作です。リヒャルト・シュトラウスは、ヴァーグナーよりさらに先端的で、「美」しかない男です。美しかないリヒャルト・シュトラウスの「皇紀二千六百年祝典曲」と、日本人の義を踏まえた信時の紀元二六〇〇年奉祝曲である「海道東征」を比べてみよ、これで日本人信時潔が何を表現できたかわかるだろう、ということになります。

出会いと、人を立ち上がらせる力

いま信時潔の「海道東征」が復活しているのは、単に封印されていた戦前のものがすごかったということではなくて、戦後やってきた芸術運動、芸術の方向性が、どんどん痩せてきていたということではないでしょうか。先端的なものを取り入れることで複雑化してきたけれども、それは結局、人間の芸術としては痩せてしまったのではないか。そういう反省の中で、振り返られている面もあるのではないかと思います。人間はいま、もう一回、いい意味で単純になろうとしている。どんどん複雑なことを考えて、道徳も学問もどんどん先端的なものになっていく。でもそういうことを言っても、結局、ただ知識を教えているだけで、人間はその場に留まったまま何も変わらないのではないか。

「強力な芸術」は「坐った人間を立たせる」ものです。「海ゆかば」を聴いたら、みんな立ち上がるんです。戦後の知的状況は、何か心を動かして「人間を立たせる」、動かす力を、どんどん失っていった。もっともらしいことを言っているだけで行動もしない、何も変わらない。何も変わらないけど、どんどん知識だけは増えているという知的状況に、みんなもう気がついてきたのではないか。もう一度シンプルに、もっと素朴なものに戻ろうじゃないか。いい意味での素朴なもの、単純なものに、深いものがあるんだということに気がついてきてるのではないか。

例えば明治四年に出たサミュエル・スマイルズの『西国立志編』は、ベストセラーになって、後藤新平（一八五七―一九二九）もぼろぼろになるまで読みました。後藤新平の「自治三訣」――人のお世話にならぬよう、人のお世話をするよう、そして酬《むく》いを求めぬよう――というのは、『西国立志編』の自主独立の精神から来ている。いま私は『西国立志編』を読んでいます。この本は、ある意味で単純です。ただ、こうやって頑張ったんだ、こうやって頑張った人がいたと。ワットは頑張った、スティーブンソンは頑張った、と書かれている。それに対して、これは単純だ、ただ人間頑張れという話じゃないか、と言ったらいけないのではないか。人間がただ勤勉に頑張って働いたことのすごさ、大事さというもの、単純なことに深いものがあるということに、改めて気がつかなければいけない。そういう素直さを取り戻さないといけないと思うし、私はそういうことが大事だと言いたい。今はもう、先端病の、末梢神経病みたいになっている。その結果、ただ「鬱」になっているだけではないのか。どんどん複雑化する方が高級だと思った結果が、そういうことになっている。シンプルであることのすごさが、逆にわからない。

例えば井上良雄さんという、カール・バルトを翻訳したすごい人がいます。あの人がカール・バルトの聖書講義を読んで、すごく打たれたことを書いていますが、井上さんが当時最先端を行っている聖書学者に「カール・バルトの聖書解釈をどう思いますか」と言ったら、その聖書学者が「ああ、あれはファンタジーみたいなものですよ」と言ったと。井上さんは、もしカール・バルトの聖書解釈をファンタジーみたいなものとしか捉えられないとするならば、今の聖書学は根本的なところで間違ってしまっているんじゃないかと書いています。同じように、『西国立志編』を単純なものでしかないと言ってしまう道徳学者、倫理学者は、何か根本的に間違えているんじゃないかと思う。肥大化し複雑なものになり過ぎた知的世界を、今もう一度、ひきしまった単純さに戻さなくてはいけない。

日本人として身を起こすこと

例えば日本人であれば、日本人として何をしなければいけないか。近代人にとって最高の達成は、近代人で終わることではなくて近代を超えることだというパラドックスがあるように、戦後の近代の日本人は何をしなければいけないか。もう一度日本人にならなければいけないのです。西洋人は西洋人のまま生きてればいいのだから、楽なものです。でも日本人は西洋というものとぶつかってしまったために、自然に生きていれば、日本人ではなくなってしまう。だから、もう一度意識して日本人にならなければいけないのが日本人の宿命です。小林秀雄は、西洋の影響を受けて、もう一度日本人になるために宣長をやった。北原白秋は、「海道東征」でもう一度日本の詩人になった。信時潔はバッハを学んで、「海道東征」を書いてもう一度日本人の作曲家になった。もう一度日本人になった詩人、白秋と、もう一度日本人になった作曲家、信時がつくったのが、「海道東征」だということだと思います。

だからこそ、今の日本の人たちの心を打つものになっている。あの会場で「海道東征」を聴くという感動を得て、「海ゆかば」をやったときにはふっと立って歌いたい。「海ゆかば」を聴いた途端に立つ、これは何なのか。音楽を聴いて立たざるを得ないという、内的なモチーフが、精神的なバネが、自分の中にあったんだということに感動しているわけです。西洋という外発的なものにずっと追われて生きてきた人間が、「海ゆかば」を聴いたらハッと立ち上がる内発的エネルギーを持っていたということの感動のうちに「海ゆかば」を歌っている。この感動を忘れられない、もう一回行きたい、となっていくわけです。八千円払ってでも「海道東征」を聴きに行こうという気持ちにさせる。こういう人間を立ち上がらせる、心を立ち上がらせるものを、「海道東征」は持っています。

島崎藤村が、姪との関係があってぐちゃぐちゃになったときに、パリに逃げて行きましたが、そのときに、『海へ』というすごい紀行文を書いた。『海へ』の扉に、島崎藤村という男は何を書いたか。「心を起こそうと思わばまず身を起こせ」と書いてある。このパラドックスです。ところが、近代の日本人は、心を起こそうとばかりしている。日本人の肉体を失って、抽象的な心で生きていく疑似西洋人になった。いま日本人に必要なのは、身を起こすことです。それと出会うと身を起こされるような芸術と出会わなければいけない。しかし、それは極めて少ない。頭の中で消えてしまうものがほとんどです。日本人に身を起こさせるパワーを持った芸術なんて、極めて少ない。でも、それしか芸術の本当の意味はないのです。

小林秀雄が戦後、ゴッホ展を見に行った。ゴッホの「カラスのいる麦畑」を見たら、その絵の前でしゃがみ込んだ。こういう出会いからしか、本当の批評は始まらない。そこでノートをとっているような人は、美術評論を書いているだけです。本当に人間が必要な批評になっておらず、解説を書いているだけなのです。解説を書いていることをもって知識人だと思っている人が多過ぎる。そうではない、しゃがみ込ませなければいけない。しゃがみ込む経験から、「海道東征」を聴いて、「海ゆかば」を聴いて、立ち上がる。そこから日本人として再生するきっかけが何か生まれるはずなんです。美術を勉強してます、クラシック音楽を聴いてますなんていうことで、何かをしているかのごとき錯覚を持っている人が多過ぎる。人間には、一生に一回しゃがみ込む経験だけでいい。一回もしゃがみ込まないでヨーロッパの絵画を知っています、ということだけで、どうするのか、と。

「知ある無知」になるべし

そのためには、逆説的に言うと、ある意味で無知でなければいけないんです。変に知識があるから、しゃがみ込まない。逆説的に、無知な人間こそが出会えるということです。だから、クラシック音楽なんか聴いたことがない、クラシック音楽について無知な人間にとって、「海道東征」は心を打つ。モーツァルトにしてもベートーヴェンにしても、無知な人間の心を打つから傑作なんです。バッハの「マタイ受難曲」を聴いていたのは、文字も読めない無知なドイツ人です。音楽を知ってる人など誰もいない。いわゆる無知な農民が、「マタイ受難曲」でイエス・キリストの受難を言葉で聞いて、感動した。そういう人たちを深く感動させて、行動に移らせた、だからバッハの音楽が偉大なんです。けれども、そういうことを言うと、そんなことはわかっている、当たり前じゃないか、と切って捨ててしまうところが、もう病膏肓に入ってしまっている。

ニコラウス・クザーヌスという中世末期の神学者がいますが、彼に『学識ある無知について』という本があります。必要なのは学識を経た無知、「知ある無知」だ、ということを言っている。中世の神学者はたくさんいろんなことを言ってきて、トマス・アクィナスでピークに達した後、中世末期にはごちゃごちゃになっている。そのときに、時代が大きく変わって近代が生まれてくる先駆者として、ルターが出てくる前に、中世末期にクザーヌスが出た。

クザーヌスの『学識ある無知について』が面白いのは、彼は枢機卿になったような人ですから、いろいろな問題が起こるたびに、ヴェネツィアやローマとコンスタンチノープルとを往復する。船でエーゲ海を行くときに、この「知ある無知」という逆説がひらめいたというんです。これはすごいシーンだなと思います。当時の最高の教養人がエーゲ海を渡っているときに、何もない青い海で、最も原初的な自然というか生命というか、世界の何かに触れて、ごちゃごちゃした知ではない、こういうぱあっとした何もない無知において何かが現れると閃く。書斎で閃いたのではなくてエーゲ海の船旅の上で閃いたというところに、これは何かあるぞと思いました。

七年前、ヴェネツィアに半年間滞在しているとき、ヴェネツィアからイスタンブール（コンスタンチノープル）に船旅をしました。そのとき、エーゲ海の船上で、このクザーヌスの天啓を思い出したものです。今、学問だとか大学とか、知の構造が大きく崩れようとしている。大学は大丈夫なのか、文化人は大丈夫なのか——全然大丈夫じゃない。知の世界というフィクションが崩れようとしている。そうしたときに、教養を経た無知で、本当に大事なものとぶつかり、本当に大事なものが発見されるという状態に向かわなければいけないのではないか。いまそういう変化が現れてくるのを待っている、大きな変化の時代かもしれません。そういう無知に意識的にならなければいけないと思います。

深いものに刺さって古典になる

例えば信時潔は、昭和の作曲家たちからは馬鹿にされて、全然だめと言われるわけです。我々は複雑な和音を使っているのに、信時さんは素朴で、ベートーヴェンの時代の和音しか使わない。とにかく古い、素朴過ぎる、と。「海道東征」など、文部省唱歌みたいなものだ、唱歌の塊だ、などと言われている。そうやって軽蔑して、自分が先端を行っていると思っていた彼らの作品は、しかし何も残っていない。逆に、彼らが軽蔑していた「海道東征」が、これぞ古典だという風格と生命を持って、今、復活している。彼らのものは古典にならなかったが、信時のものは古典になったのです。

現代は、古典が生まれない悲しい時代です。新しいものはどんどん生まれるけれども、古典になっていかない。新しい作品が、ただ古くなっていく時代なんです。古くなることと、古典化することとは決定的に違うんです。古典化するために何かが欠けている。そういう非常に不幸な時代なんですね。しかし、「海道東征」は古典になった。ちゃんと古いものに留まって、新しいものを追いかけなかったから、逆に古典になったということはパラドックスですが、それだけではない。何か深いものに突き刺さっていたから古典になったということだと思います。それがないかぎり、古典にならない。

信時潔の「海道東征」は八章ありますが、八は古代の日本の世界では、大八洲《おおやしま》をはじめとしてすごく重要な数字です。八は日本人の心に響く数字で、世界は八でおさまるんです。それゆえ白秋は八章つくった。そして信時は、円環性のある音楽をつくって、形をつくっている。最初の音楽が最後に戻ってくるという造型性が、この曲の場合はちゃんとしているんです。だから古典になったのだと思います。古典の形式感がある。

こういう時代に、特に音楽や美術などで生きるのは、大変な信念がなければいけません。みんな新しいものを一生懸命追いかけます。よほどの明治初年的な信念がないと、そこにとどまっていることは無理です。しかし、信時潔にはその信念があったのです。

4 「古典」を取り戻すために

音楽は「国のさゝやき」である

明治の批評家の斎藤緑雨（一八六八―一九〇四）は、辛辣なアフォリズムをたくさん残したことで有名です。例えば「筆は一本、箸は二本、衆寡敵せずと知るべし」という有名なアフォリズムがあります。「筆」というのは、書くこと、文学をやることで、それは一本でやるけれど、飯を食う箸は二本である。したがって、「衆寡敵せず」、数のうえでは一対二でかなわない、だから筆では食えないんだ、ということです。彼は根本的には、江戸の文化が日本の粋であると思っていて、西洋文化が入ってきて、西洋と東洋がごっちゃに混じっていく文明開化の世を呪って、三十七歳で死んだ男です。すばらしいアナクロニズムともいえますし、なかなか当たっている批評を残している。

その中に、老人であれ若者であれ、男であれ女であれ、その胸の中にある「さゝやき」が固まってできたものが音楽である、という文章があります（本書六〇頁参照）。「音楽は即ち国のさゝやき也」と。私はそこからとって本のタイトルを『国のさゝやき』としました。彼は、日本人が西洋の音楽をとって日本の言葉にくっつけて、妖怪のようなうめきを発する音楽をつくるならば、日本国は妖怪のような国だと言っているのです。

明治期に西洋を取り入れたときの音楽には、そういう「妖怪」のような面が多分にあった。西洋音楽と日本の言葉をくっつけることには、ぎこちなさがあったと思います。それが、明治維新から七〇年経った紀元二六〇〇年のころには熟したということです。

日本の音楽は、まず滝廉太郎という天才が出て、「花」とか「箱根八里」とかを書いた。けれども滝廉太郎は、緑雨が冷たく突き放した、西洋と日本とのぶつかり合いをまともにやって、二十三歳で死んでしまう。滝廉太郎がライプチヒに留学して、下宿のおばさんに「タキ、おまえは日本という国からドイツに一生懸命音楽を学びに来てるけど、どんなものをつくってるんだ」ときかれたというような話があります。そのときに滝廉太郎は「荒城の月」をピアノで弾いて聴かせたという。司馬遼太郎は、『「明治」という国家』の中でこの話に触れて、もう涙が出るような話である、と書いていますす。二十一そこそこの青年が、バッハのいたドイツのライプチヒに学びに来て、「荒城の月」を歌う。「〽春高楼の花の宴」と。一六八五年生まれのバッハ以来のドイツ音楽の分厚い二百年の歴史と伝統と傑作群に対抗するのに、日本人滝廉太郎青年は「荒城の月」一曲で対峙している。この明治の哀しさというか凄さを、司馬遼太郎は言っているんです。

そういう天才滝廉太郎が死んだ後に出てきた第二世代が、山田耕筰と信時潔、明治十九年生まれと明治二十年生まれです。この人たちが、大正から昭和戦前にかけてピークをなしていく。二十三歳で死んだ滝廉太郎が、緑雨の批判に耐えられるものを少ししか作れなかった一方で、山田耕筰、信時潔は明治維新から七〇年という時間をかけて熟して、妖怪のようなうめきではないものを生み出そうとした。山田耕筰や信時潔は、西洋のオーケストラに日本の言葉をどう載せるか研鑽を積んで、信時潔であれば謡を取り入れた歌曲とか、東北民謡をピアノ曲にしたものとかを作っています。

ヨーロッパで言えばバルトーク（・ベーラ）がハンガリーの民謡を取り入れて音楽をやりましたが、信時や山田耕筰も、一種の国民学派です。モーツァルト、ベートーヴェン、ブラームスというのは、もちろん西洋の音楽ですが、かなり普遍的といえる音楽をつくった。

悔しいけれど、決してローカルではありません。それに対して、ロシアにはロシア楽派が出て、ボヘミアにはスメタナやドボルザークが出て、フィンランドにはシベリウスが出て、イギリス、フランスでも、それぞれ自分の国民性を生かした音楽が出てくる。

そういう中で信時潔と山田耕筰も、一種の「日本楽派」なんです。時間的には少し遅れていますが、山田や信時も同じように、普遍的と思われるバッハ、ベートーヴェン、モーツァルト、ブラームスを学んで、自分の国の音楽をどうするかという問題に取り組んだ。

以前から私は、信時潔は日本のシベリウスだと言っているんです。フィンランド人のシベリウスがモーツァルト、バッハを学んでやったようなことを、信時潔は日本でやったのだと。シベリウスが帝政ロシア圧政下の愛国的な状況の中で「フィランディア」をはじめとする愛国の音楽をつくったように、信時潔は「海ゆかば」をつくり、日本の歴史を振り返った「海道東征」を書いた。シベリウスはフィンランドの国民的叙事詩『カレワラ』を題材にした交響詩をつくっています。『古事記』や『日本書紀』は、ある意味では『カレワラ』なんです。もちろん、『カレワラ』は名もない民が歌ったものをまとめたもので、『古事記』は天皇の命によって作られたという違いはありますが、民族の経験をまとめたものという意味では、フィンランドに『カレワラ』があり、日本に『古事記』があった。

『カレワラ』にはワイナモイネンという英雄がいて、日本には神武天皇がいる。国民楽派は自分の国の歴史に戻るものなので、シベリウスが交響詩「フィンランディア」をつくったように、信時潔も交声曲「海道東征」をつくった。それだけの曲をつくれる音楽的実力を、シベリウスも身に付けたし、信時潔もちょうど明治開国七〇年の時期に身に付けることができた。夭折した滝廉太郎にはむずかしかったけれど、信時にはできた、という位置づけだと思います。

ただ、山田耕筰の方は、どちらかというと西洋の新しいものをどんどん取り入れていく先端派だったので、「日本」ということも考えたがあまりうまくいっていない。『昭和の作曲家たち』で扱われた人たちなど、昭和十年代、あるいはもっと前から、日本の楽器と西洋音楽をどう結びつけるかというのが流行るんです。山田耕筰は敏感だから、私が本のタイトルにした交響曲「明治頌歌」で篳篥《ひちりき》を取り入れたりする。けれどもそれは、今から思えば、やはり斎藤緑雨のいう「妖怪に似たる声」を発しているだろうという批判を免れない。今は聴くにたえない。そんな中で信時の「海道東征」は、本当に血肉化した、「妖怪に似たる声」になっていない作品です。

シベリウスの音楽がフィンランド人の「国のさゝやき」になっているのと同じ意味で、

信時潔も「国のさゝやき」としての音楽をつくることができた。「海道東征」は、紀元二六〇〇年の日本の歴史の「国のさゝやき」になっている。これがすごいところです。日本人の個人の歌曲じゃない。「国」がささやくのを聞き取った。これは叙事詩と交声曲の問題です。日本の近代の芸術では、みんな個人がささやいているわけです。個人がそれぞれ勝手に、個性を競ってささやいていて、国のささやきを聞き取るということはなかった。当然、音楽もそうでした。

しかし、昭和十五年頃というのは、よかれ悪しかれ「国のさゝやき」が問題になった時代です。日本の「国体」とは何かという国体明徴運動など、当時はアイデンティティーとは言っていませんが、日本とは何か、日本の国体とは何かが問われ、それを復活させなければということで、例えば保田與重郎（一九一〇—八一）のような人間が出てくる。

危機の時代に、古典は見直される

日本では、危機の時代になると古典が見直される。保田與重郎は異様な天才だと私は思っていますが、『後鳥羽院——日本文學の源流と傳統』とか『萬葉集の精神——その成立と大伴家持』のような、彼の長い人生を考えても最高の傑作を、二十代から三十二歳ぐらいで書いている。年寄りの鬱然たる大家が『古事記』や『万葉集』について書いたというなら、全然面白くも何ともありませんが、二十代、三十代の青年が、『万葉集』や後鳥羽院など日本の古典について書いたわけです。

日本に何が残されているのかという危機の時代に、年寄りが古典を愛するような根性では、古典は「復活」しないんです。保田與重郎は、奈良に生まれたという背景もありますが、やはり昭和十年代というのは、日本の古典が青年によって書かれる時代だった。信時潔の「海道東征」も、まさにその時代に出たのです。

昭和十五年の紀元二六〇〇年は、大東亜戦争で負けるまであと五年しかないわけです。もし大東亜戦争があと一〇年、あるいは一五年続いていたら、内発的な日本の文化がもっとできたかもしれません。明治の開国から西洋を取り入れて新たに日本をつくり上げて、七〇年でこれだけ円熟し成熟してきたわけですから。奈良時代でも大陸からの影響で『万葉集』という新たな「日本」をつくったわけで、別に固定した「日本」があるわけではない。明治の開国以来七〇年経って、やっと表面的な西洋かぶれではない、血肉化された西洋を「海道東征」という作品でつくることができた。

しかし不幸にして五年後に敗戦を迎えます。敗戦と同時にＧＨＱが来ると、戦前の作品はテーマ自体がだめだと、みそもくそも戦前を否定した。また、アメリカニズムが押し寄せて、音楽であればジャズなどがどんどん入ってきて、今度はアメリカニズムの中で文化をほとんどゼロからつくることになってしまった。それが、戦後の文化のむなしさです。戦前とつながってない、断絶がある。そして、アメリカ文化を取り入れていれば何とかなると思ってきたら、今やトランプが大統領になって、アメリカについていったらどうにもならないことが露呈してしまった。一体これからどうするのか。

明治の開国から七〇年を経て、学校をつくり、人材を育て、やっと信時潔のような作曲家を生むほどに円熟した内発的な文化が断ち切られてしまったというのは、日本の文化の大変な否定で、いま戦後の人が昭和十五年の作品を古いと言っているだけであれば大間違いです。昭和十年代は、いろいろ変な作品も多いけれど、文学も美術も、明治以来の西洋受容の結果のピークの時代なんです。梅原龍三郎が「北京秋天」という最高の絵を描いたのもこの時代です。音楽における滝廉太郎と同じく、絵の方では、青木繁が西洋とは何かという問いのなかで苦労して夭折しましたが、そのあとに梅原龍三郎と安井曾太郎が出て、日本的洋画、洋画だけど日本人ならではの洋画をつくった。これは「海道東征」と同じなんです。

文学でいえば、島崎藤村の『夜明け前』の第二部が出るのは昭和十年です。藤村は西洋文学の強い影響を受けて、西洋の文体を取り入れた日本文をつくり、ドストエフスキーの『罪と罰』の構成をまねたと言われる『破戒』を書いた。例えば、有名ですが、『破戒』の冒頭の「蓮華寺では下宿を兼ねた。」というのは、すばらしく新しい日本語です。藤村はそういうシャープな日本語を開発してきた中で、『夜明け前』では、父親のことを書いて、幕末維新の歴史を描いていく。父親は平田篤胤歿後の門人だったので、古代の復活としての明治維新を夢見た男たちが、文明開化で裏切られて没落していくという話です。そうやって、島崎藤村はどっしりと歴史を受け止めて、やっと『夜明け前』を書いた。そういう意味で、文学も、美術も、音楽も、昭和十年代がピークだった。

『異形の明治』で描いた明治初年のエネルギーが、血肉化するのに七〇年かかったということになると思います。明治初年では異形的だったものが、ついに異形ではなくなった時代です。異形なものは異形なものとして、それは芸術としてなかなか厳しいわけです。面白いけれど、やはり芸術的な高さに達していなかった。私の言葉では「ざらざらしている時代だった」ということになります。しかし、信時潔が「海道東征」という約五〇分に及ぶ形式感のある曲をつくり、北原白秋が、本当に歴史と伝統に基づいた言葉を、ある意味では美しくつくる。そういうかたちで、異形なものが完璧さを持つに至ったということです。異形の明治が、やっと完璧な形式感を持つことができた。

戦後は、戦前を否定することばかりやってきたから、ただ戦前につくられたというだけの理由で、近代日本の一つのピークだったということも否定してきました。戦前は、少なくとも戦後みたいな敗戦国ではなく、明治の日本は独立していた。少なくとも独立するという意識を持って、こういう作品をつくっていたわけです。戦後は、単なる占領下の文化ですからね。

松本健一さんの講演できいたことがあります。「私はある時計を持っています。皆さんの時計だと『メイド・イン・ジャパン』と書いてあるでしょう。私が持っている時計には『メイド・イン・オキュパイド・ジャパン』と書いてある。これは、すごく貴重なんです」と。あの時代につくられた時計には「メイド・イン・オキュパイド・ジャパン」と書いてある。例えば昭和二十一年に生まれた人は、「日本」に生まれていないから、「日本生まれ」なんて書いちゃいけない。「占領下《オキュパイド》日本生まれ」と書かなければいけないんだ、と。そういう占領下の「オキュパイド・ジャパン」の人たちが、戦前を否定した。戦前の方がすごいと薄々は思っていたかもしれないけれど、戦後は占領下であるにもかかわらず、戦前のものを否定し、「海道東征」も一緒くたに忘れられた。

クリティカルな耳を

ただ、私は、変にイデオロギー的に「昭和十年代の芸術がいい」なんてことを言おうとしているわけではありません。全然そうじゃない、音楽で言えばこの「海道東征」だけがいいと言ってるんです。私が「海道東征」がいいと言うと、「こういう曲もありますよ」「戦前に誰々が作曲したこういう曲がいいですよ」などと勧めてくる人がいるんです。

これがなかなか難しいところで、私がいいと言っているのは、「海道東征」だけなんです。日本という音楽的土壌が本当に薄いところで、信時潔という稀な男と、北原白秋という男によって、奇跡的にできた曲なんです。これは文化における奇跡であって、ほかにはない。そう思います。

私は、昭和十年代、あるいは紀元二六〇〇年の奉祝行事のときのほかの作品もいいとは別に言っていない。「海道東征」は紀元二六〇〇年の奉祝行事の「機会音楽」ですが、機会音楽であるにもかかわらず芸術になったのです。同じときに、山田耕筰は交響詩「神風」をつくっていますが、これはまさに機会音楽で、駄作です。紀元二六〇〇年奉祝曲という、奉祝のための音楽になってしまっている。

奉祝の機会に合わせた作品でも、それを超えることはあります。ヘンデルの「王宮の花火の音楽」は、王様が花火を上げるときのために頼まれて作った曲ですが、その機会音楽を超えて今でも生きている。「水上の音楽」も、王様の舟遊びのための音楽ですが、機会音楽を超えている。その芸術家がすぐれていれば、機会音楽を超えることはあるんです。しかし、「海道東征」は、「これは紀元二六〇〇年の奉祝音楽である、だからだめなのだ」とされている。そういうレッテルを超えて鑑賞する力が、もう無いのではないか。戦争中に書かれた文学はだめだといった評価と同じです。奉祝の音楽として書かれたといわれるだけで、聴くのもいけないとされた。

特に、神武天皇の東征などと言われると、また「征服」がテーマかと短絡される。そういう見方には、アレクサンドロス大王の東征との神話的な呼応関係など、まったく念頭にない。『古事記』の中の神武東征は、単に日本だけの話ではなくて、古代の世界的な神話の広がりの中にあるんです。

カンタータとオペラの違い

若い人に『古事記』は日本史の始まりの本だから無理してでも読めと言ったって、面白くない。これはしょうがないことです。その中でも、面白いのはどこかというと、一番鮮烈に生きているのは、「海道東征」で描いている、神武天皇の東征の部分です。ここにはドラマがあります。あとはヤマトタケルの東征ですが、やはりヤマトタケルは神武天皇よりも人間味を帯びて、近代的な投影もできる。保田與重郎は『戴冠詩人の御一人者』で、ヤマトタケルは詩人だということで書いています。これは、保田のデビュー作で、北村透谷賞などを受賞した。それを二十代で書いたというのも異常ですが。この神武天皇とヤマトタケルの部分はすごく劇的で、特にヤマトタケルの方がより劇的です。

ただ、もしヤマトタケルを素材にして白秋が詩をつくって、信時が曲を書いたら、傑作にはならなかったと思います。それはむしろ、オペラになっていたでしょう。「海道東征」はカンタータ(交声曲)で、神武天皇がいかなる人だったかということは、あまり描かれていない。アルカイックスマイルのように、あまり表情が出ない古代的彫刻のように描かれている。その神武天皇が東征し、最後に橿原で即位するという劇的終結を迎える。これはやはりカンタータに向いているんです。

ヤマトタケルはかなり人間的なので、その悲しみや恨みが描かれる。ヤマトタケルは最後は死んで白鳥になりますが、これはやはり悲劇なんです。そういう人物伝は、オペラには向いていたかもしれません。

神武東征は、人物伝じゃなくて歴史なんです。だから、信時的な古典的な人間が、カンタータで描くのには向いていた。歴史を音楽で描いたという意味で、空前絶後の傑作だと思います。カンタータをつくるのは、バッハ、ヘンデル、ハイドンなどの古典的な芸術に深く心打たれるような人格を持っていた信時だからできたのではないかと思います。戦後になると、團伊玖磨の「夕鶴」とか、黛敏郎の三島由紀夫「金閣寺」とか、すべてオペラになる。しかし信時潔は、人間ドラマではなく、歴史のドラマを描いたのです。

よく考えれば、日本における交声曲は、これで終わったのです。交響曲を書いた人もいるし、オペラを書いた人もいますが、交声曲はない。他にあるとしても、そもそも少ないし、残っているのは「海道東征」だけです。

青年によるクリティカルな古典の復活を

先ほど、危機の時代に古典が復活すると言いましたが、西暦二〇〇〇年前後から、またその時期が来ていると思います。だから、本来は二十代とか三十代の若い世代が古典を復活させないといけない。私も含めて、年寄りが古典はすごいなんて言っても、本当の古典の復活ではないんです。保田與重郎がやったように、二十代の青年が古典と出会わないと、本当の古典の復活にならない。これができるかどうかにかかっている。いま古典が読めないという人が多いから、本当に古典を復活させる人が出るかどうか。

いずれにせよ、戦後の国文学が評価し鑑賞していたような「古典」ではない古典にならないとだめなんです。これまでは戦後的な価値観で古典を読んできたので、そういう見方のまま古典を復活させてもしかたがない。先ほど、戦後の『万葉集』研究では、「海ゆかば」が入っている「陸奥国に金を出だし詔書を賀びし歌」が採り上げられていないと言いましたが、そういう、「羹《あつもの》に懲《こ》りて膾《なます》を吹く」的な腰の引け方で古典を復活させたところで、「大伴家持はすごい詩人だったね」というくらいに留まって、全然クリティカルにはならない。

古典をいかにクリティカルに見直すかが課題です。

「海道東征」もそうです。ただ単に昭和戦前の古い曲が復活したというのではなく、クリティカルに聴くことが大事だと思います。そうではないから、私に「戦前の誰々もいいですよ」と言ってくる人が現れる。私から言わせれば、その作曲家はクリティカルではない、単なる昭和十年代のブームに乗った音楽なんです。そういう当時のブームに乗った曲と、「海道東征」との違いは何なのか。

「海道東征」も、確かに東京音楽学校の学生が五〇回くらい演奏して回りましたが、恐らく「流行」はしていない。けれども、みんな本質的なものがある音楽だと思って聴いた。「紀元二千六百年」のように、流行歌として町なかの人がみんな歌ったわけではない。流行ったものが忘れられたのではなくて、流行りもしなかったのだから、大衆が知らないのは当然かもしれない。

だから今、「海道東征」が復活演奏されているときに、これは当時流行っていた「紀元二千六百年」やほかの流行しただけの曲とは違うということを、やはり言わなければいけないんです。『「海道東征」への道』でも書きましたが、萩原朔太郎が、「愛国行進曲」はすばらしい、ただ、それが流行ったことで政府が「太平洋行進曲」をつくらせたのはだめだと言っている。このクリティカルな耳を持たなければいけない。「海道東征」はいいが、山田耕筰の「神風」はだめだ、と言うことが必要なんです。

「耳ある者は聞くべし」

『信時潔』が出たときに、粕谷一希さんが主宰されていた「東京史遊会」で話をする機会があり、「海ゆかば」を流しました。また、雑誌『東京人』に「海ゆかば」について書いたのですが、「耳ある者は聞くべし」というタイトルにしました。よく「海道東征」のCDに解説を書いたりしますが、やはり何回かこのことばを使っています。

「耳ある者は聞くべし」——これは御存じのように、聖書の中でキリストが何回も言うことばです。耳のない者、わからない者を、キリストは分けているのです。キリストがたとえ話をすると、大衆が誤解する。キリストはどんどん囲まれて、困って別の場所に移る。すると、また誤解してわーっと囲まれる。キリストが、何かいいことを言っているとか、パンをたくさんくれるといった誤解です。そのときにキリストは、「耳ある者は聞くべし」、真意は耳ある者しかわからないと言う。

「海ゆかば」は特にそうですが、「耳なき人」が聴くと、誤解する。ある重要なものというのは、どうしてもそういう危険性を持つんです。「海道東征」の復活というのは、「海道東征」を聴く耳の復活を求めることかもしれない。日本の歴史を知っているとか、ある感受性をもって白秋の言葉がわかるとか、そういう何かがないと、「海道東征」を聴く耳はできないんです。そういう耳がないと、「海道東征」は復活しない。

けれども私は、「耳ある者は聞くべし」という言葉で、音楽を聴いていない人とか大衆を否定しているわけではありません。逆に、戦後のインテリを否定している。ベートーヴェンとかモーツァルトを聴いたことがなくて「海道東征」のコンサートに来た人は、ある意味で素直な耳を持っている。小林秀雄が、ドストエフスキイについて「心を正しい位置に置いた人」だといった意味で、まさに「耳を正しい位置に置いて」いるんです。だから私は、あの人たちが感動しているというのは、うそだと思わない。本当に何かに心打たれているのだと思います。

例えばこの間、音楽のコンサートなんて来たことがないというある女性が、「海道東征」を聴いたら、日本の稲田の風景が浮かんだという。本当にそれが浮かんでくるような気がしたというんです。そういう人たちは何も持っていないから、自然に聴いて、わかっている。「耳」を持ってるんですよ。逆にインテリは、その「耳」にかさぶたを付けてしまっている。

日本で普通の生活をしていて、日本はこんなアメリカの文化でいいのかな、日本の本来のものは何なのかな、なんて思っていた人が、「ああ、こういう曲だよな」と思って感動している。逆に、戦後日本の文化人は、「こんな唱歌みたいなレベルの低い音楽は何だ」と言っている。稚拙で、音のオーケストレーションも貧しい、と。まだ滝廉太郎が死んでから五〇年ぐらいでは無理だよね、と言って終わりにしてしまう。しかし、オーケストレーションの貧しさの中に聞こえてくるものがあるということが、文化人にはわからない。

フィンランドのシベリウスが、若いときに音楽を書いたら、ベルリンフィルのメンバーたちが笑いだしたといわれています。リヒャルト・シュトラウスのすごいオーケストレーションの曲を弾いているベルリンフィルのメンバーたちが、フィンランドの田舎者の楽譜を見せられて、笑いだした、と。けれども、そのシベリウスの音楽には、フィンランドの魂が鳴っていたのです。

そこでやはり信時潔と父親の吉岡弘毅のキリスト教を考えなければならない。信時潔は、音楽は野の花のごとく、余計なものをまとわずにいなければいけないと、素朴さ、シンプルさをはっきり意識してやっていた。その「野の花のごとく」というのは、イエス・キリストのことばです。キリストは、ソロモン王の栄華より野の花がいいのだといった。野の花の素朴さを、文化人はわからない。信時は、わかってやってる。華美な曲をつくれないわけではないのです。彼が留学した大正七年ごろはドイツが第一次世界大戦に負けた後で、マルクが暴落していたから、実は(アレクサンドル・)スクリャービンの楽譜などたくさん持って帰っています。信時はそういうものを全部知っていたと畑中良輔さんが書いています。けれども信時の言葉で言えば、本当に内発的な必然性がなければ、それを採るということはしない。そういう意味で、意識的にやっています。

そういう信時潔の「海道東征」の復活が持っている意味とは何か。戦後のインテリ、知識人がこういうものをばかにするのは、戦争中だったことと、どうせ西洋音楽よりもレベルが低い、稚拙だろうなんていう思い込みによります。しかし、文化人が、実は一番文化がわかってない。自分では一番わかっていると思ってるインテリが、実は一番根本がわかってない。

山田耕筰は、どちらかというと文化人なんです。信時潔は野人で、全然タイプが違う。だから私は、山田耕筰はだめだけれど、信時が好きなんです。よくこういう人がいたなと思う。これは、私が日本人に絶望しない数少ない事例です。私は時に、日本文化と日本人に絶望を感じることがあります。ただ、信時潔と内村鑑三が日本人でいて、音楽を作り思想を書いたから、日本人と日本文化に絶望し切らないで済んでいる。逆に一気に希望になる。「海道東征」とは、それくらいありがたい作品なのです。

あとがき

本書は、戦後七十年の年に開催された大阪での公演を機に力強く復活した北原白秋作詩・信時潔作曲の交声曲「海道東征」について関心を持たれた方に、この曲はどういうものか、どのような経緯で復活したかなどについての理解を深めていただくことを願って企画したものである。

第Ⅰ章は、この曲に私がどのように出会ったかについての経緯を書き下ろしたものである。第Ⅱ章は、大阪公演で復活した以後、東京や川崎でも公演がなされるようになったが、それらの公演などをめぐって、『産経新聞』の「正論」欄に寄稿したものをまとめた。第Ⅲ章は、「海道東征」とは何か、ということを藤原書店の藤原良雄社長に三回、時間にして延べ五時間にわたり私が語ったものを整理したものである。藤原社長という名捕手のリードのもと、私が投げ込んだ球（言葉）を文章にした。時に「海道東征」に対する熱情の故の暴投もあったが、私の投球を読者という打者が打てるような球筋に変えて文章を整えてくれたのは、刈屋琢氏である。お二人には、心より感謝申し上げます。

願わくば、本書によって交声曲「海道東征」が日本人の耳に広くそして深く浸みこんで行き、その魂に鳴り響かんことを。

平成三十年三月　　春が待たれる日に

新保祐司

著者紹介

新保祐司（しんぽ・ゆうじ）

1953年生。東京大学文学部仏文科卒業。文芸批評家。現在，都留文科大学教授。

著書に，『内村鑑三』（1990年）『文藝評論』（1991年）『批評の測鉛』（1992年）『日本思想史骨』（1994年）『正統の垂直線——透谷・鑑三・近代』（1997年）『批評の時』（2001年）『国のさゝやき』（2002年）『信時潔』（2005年）『鈴二つ』（2005年）［以上，構想社］，『島木健作——義に飢ゑ渇く者』（リブロポート，1990年），『フリードリヒ　崇高のアリア』（角川学芸出版，2008年），『シベリウスと宣長』（2014年）『ハリネズミの耳——音楽随想』（2015年）［以上，港の人］，『異形の明治』（2014年）『「海道東征」への道』（2016年）『明治の光・内村鑑三』（2017年）［以上，藤原書店］，『明治頌歌——言葉による交響曲』（展転社，2017年）がある。また編著書に，『北村透谷——〈批評〉の誕生』（至文堂，2006年），『「海ゆかば」の昭和』（イプシロン出版企画，2006年），『別冊環⑱　内村鑑三 1861-1930』（藤原書店，2011年）がある。

2007年，第8回正論新風賞，2017年，第33回正論大賞を受賞。

「海道東征《かいどうとうせい》」とは何《なに》か

2018年5月10日　初版第1刷発行©

著　者　新　保　祐　司

発行者　藤　原　良　雄

発行所　株式会社　藤　原　書　店

〒162-0041　東京都新宿区早稲田鶴巻町523
電　話　03（5272）0301
FAX　03（5272）0450
振　替　00160-4-17013
info@fujiwara-shoten.co.jp

印刷・製本　中央精版印刷

落丁本・乱丁本はお取替えいたします
定価はカバーに表示してあります

Printed in Japan
ISBN978-4-86578-172-4